JN231791

1日のタスクが
1時間で片づく

企業成長支援アドバイザー
佐藤将之
Masayuki Sato

★★★★★

アマゾンのスピード仕事術

The Amazon Way

KADOKAWA

はじめに

速さは「不可能」を「可能」にする

この本を手に取られた方の多くは、**「アマゾンプライム」**のサービスをよくご存じだと思います。

年間プラン3900円（税込）または月間プラン400円（税込）を払って会員になると、迅速で便利な配送特典や、「プライム・ビデオ」「プライム・ミュージック」などのデジタル特典を追加料金なしで使えるプログラムのことです。

アマゾンプライムの配送特典の1つとして**「当日お急ぎ便」**があります。これは、**「注文したその日のうちに商品が届く」**というサービスです。

また、**「アマゾンプライムナウ」**という配送特典もあります。東京都・神奈川県・千葉県・大阪府・兵庫県の対象エリアに限られます（2018年8月現在）が、**「注文した商品が最短1時間で届く」**サービスです。

さらに、**「アマゾンダッシュボタン」**というサービスまであります。特定の商品をワンプッシュで注文できる装置で、この装置を入手すれば、以降はPCサイトやスマホで「Amazon.co.jp」にアクセスする必要もなく、**そのボタンを押すだけで商品を購入できてしまう**のです。

アマゾンの日本上陸によって日本の小売り業のクオリティが劇的に高まったのは、もはや疑いようのない事実です。

なかでも「商品が欲しい」と思ってから「商品が手元に届く」までの早さは、驚くほど進化しています。

ついこの前まで**「翌日配送」**が当たり前だったのに、**「当日配送」**そして**「最短1時間配送」**が当たり前となり、今や購入時の手間まで限りなく簡略化され始めているのです。

「プライムナウ」や「ダッシュボタン」のような〝驚異的〟なスピードを誇るサービスの実現は、当然ながら、〝驚異的〟なスピードで仕事を処理する組織でなければできるはずがありません。

つまり、アマゾンのサイトの「お客様への商品サービス提供のスピード」が常に加速し続けているということは、それ以前に**アマゾンという組織の「仕事のスピード」**が常に加**速し続けている**ことを意味しているのです。

★F1を走らせながら修理して、しかもチューンナップする会社

では、アマゾンのスピード感とは、いったいどんなものでしょうか？

それを端的に表しているのが、私のかつての直属の上司であり、現在アマゾンジャパンの社長を務めるジェフ・ハヤシダ氏が、「アマゾンとはどんな会社か？」という質問に対してよく口にしていた言葉です。

それは、

「アマゾンは、F1を走らせながら修理して、しかもチューンナップする会社です」

というもの。この言葉を彼の横で聞くたびに私は、「アマゾンという会社の特徴をこれほど見事に表現した言葉はないな」と感じていました。

まず、アマゾンで求められるスピード感は、高速道路レベルではなく**サーキットレベル**であるということ。

けれども、何かを変える際、**立ち止まることはない**ということ。通常のF1レースなら、タイヤ交換の際にはピットに入って停車します。ところがアマゾンでは、サーキットを走り続けたままタイヤ交換をするのです。

しかも、タイヤ交換を終えた後には、**さらにスピードが増している**ということ。250km／hで走っていたのに、タイヤ交換後には300km／hになっている……といったイメージです。

私は、2000年のアマゾンジャパン立ち上げ時に17番目の社員として入社し、2016年までの約15年にわたり、主にオペレーション部門のマネージャーとしてアマゾンの急成長を内側から見続けてきました。

現在は、経営コンサルタントとしてさまざまな企業の成長支援をさせていただいています。こうしてアマゾンと他社を客観的に比較できる立場となって、アマゾンの飛躍的な成長を支える基本思考や仕組みの素晴らしさを再認識しているのです。

そこで本書では、アマゾンの成長の理由を、**「スピード」**という観点から分析してみたいと思います。

ただし、

「なるほどアマゾンはそうなのか」

とうなずいていただくだけでは、著者として目的を達成できたとは言えません。

アマゾンの仕事術に触れることで読者の皆さんに、

「そういう考え方、行動の方法があるのか。自分も明日から実践してみよう」

と、自分事として捉え、取り入れていただくことが本書のゴールです。そのイメージを念頭に置きながら、できるだけ具体的に書き進めていきたいと思っています。

★「お客様」×「スピード」で、未来の働き方が見える

では、なぜ本書のキーワードが「スピード」なのでしょうか?

それは、もう1つの重要キーワードと掛け合わせることで、アマゾンという組織ならではの仕事術が明らかになるからです。

そして、その仕事術は、アマゾンだけのものにとどまらず、**今後の働き方のロールモデル**になるからです。

では、「スピード」と掛け合わせる言葉とは何か？

それは**「顧客満足度の向上」**です。

詳しくは第1章で述べますが、アマゾンには「Customers Rule!」（お客様が決めるんだ！）という言葉があります。アマゾンにとって、唯一無二の**目的は「お客様の満足度を高めること」**。これ以外にはないのです。

そして、**顧客満足度を高めるために、「スピード」は非常に有効な手段**となります。商品をすぐに買える、商品がすぐに届く、革新的なサービスをいち早く体験できる……スピードがお客様にもたらす感動は計り知れないものがあります。そして、そのための原理原則や仕組みも、しっかりと整っているのです。

つまり、

「顧客満足度の向上」（唯一の目的）

↑

「スピード」（有効な手段の1つ）

という関係性になっているのです。

これは、裏を返せば、「アマゾンではお客様の満足度向上に帰結しない仕事や作業スピードアップは決して行わない」ということも意味しています。

「上司が締め切り前に提出すると喜ぶタイプだから、早めに企画書を出さなきゃ」
「未完成でもいいから、先を越される前にリリースして、ライバル企業の出鼻をくじけ」
「会社の通達だから、とにかく残業しないように仕事を終わらせよう」

といったような、対象を取り違えたスピードアップ、本来の目的を見失ったスピードアップは、アマゾンでは絶対に求められることがありません。

ですから、アマゾンの考え方や社内で働く人たちの行動のしかたを知り、その一部を取り入れることで、

「誰のために、何のために働くのか？」
「どのように生産性を上げれば良いのか？」
「どうすれば日々の仕事をクリエイティブなものにできるのか？」

といった問いに対する、さまざまなヒントが得られるのではないでしょうか。

★スピードは働く人の「永遠のモチベーション」

お客様の満足度を向上させるための**「本質的なスピード」**を追求することで得られるメリットは、さまざまです。

まず、**仕事の先延ばし、先送りが劇的に減る**でしょう。

例えば、1つの革新的なサービスのアイデアを思いついたとします。そのサービスがあれば必ずお客様のためになるということがわかっているのだったら、一刻も早くプロジェクトをスタートしたいと思えるのです。

と同時に、**現在の仕事のムダが「見える化」**されていきます。

事実、お客様のために1つの新規サービスを開始するには、「不具合がないか」など、さまざまな事前準備、事前検証が必要となります。その「お客様のために準備・検証する時間」を最大限に確保するためには、「お客様のためにならない時間」を極力削る必要があるからです。

さらに、**仕事に対する永遠のモチベーションを手に入れる**ことができます。

アマゾンでは、「お客様にとっては早ければ早いほどいい」という考え方が根付いています。例えば、ある人がリビングのソファに座り、テレビを見ながら、「ああ、炭酸水が飲みたい」と思ったとします。この場合の理想は、「そう思った瞬間、目の前のテーブルの上に炭酸水をお届けすること」――とアマゾンでは考えます。なぜなら、人間の欲求とはそういうものだからです。

ですから、アマゾンにとっては、「最短1時間配送」も「まだまだ理想からはほど遠い状態」なのです。30分後に届けても、10分後に届けても理想からは遠いのです。

アマゾンに在籍している間、私はよく職場の仲間と「ジェフ・ベゾスの理想は『瞬間物質転送装置をつくること』なんだろうね」という話をしていました。欲しいなと思った瞬間、目の前にそれが現れる――その光景を、創業者でありCEOであるジェフ・ベゾスは本気で目指しているのだと思います。

こういった「お客様の満足度を向上させるためのスピード追求」は、何もアマゾンに限ったことではありません。

「少しでも早くお客様に見積書を提出できないか？」

「少しでも早くお客様の困りごとを解決できないか？」

「少しでも早くお客様に納品できないか？」

などは、業種・業界を問わず、仕事をしている人なら誰でも追い求められる課題です。しかも、その課題に「これでＯＫ」というゴールはありません。ですから、**「お客様のために一刻も早く」という意識を身につけると、それは、仕事に対する永遠のモチベーションとなり得るのです。**


「スピード仕事術」という表現を耳にすると「イヤな仕事をさっさと片づける」というイメージを抱く人も中にはいるかもしれません。けれども、本書における「スピード仕事術」は、そのようなネガティブな意味を含んでいません。

私がお伝えしたいのは、「お客様の満足度を上げる本質的なスピードを追求すること」は「仕事に対する充実感、生産性、創造性を向上させること」につながっているということです。そして、その充実感、生産性、創造性の中に、来るべきＡＩ時代を生き抜くヒントもきっと潜んでいるはずです。

この本を読んだ皆さんから、**「これで明日からの仕事が楽しくなりそうだ」**という感想が聞けたら、著者としてうれしく思います。

アマゾンのスピード仕事術　目次

はじめに――速さは「不可能」を「可能」にする　1

第1章

アマゾンはなぜ「スピード」にこだわるのか？

01　顧客満足にこだわりぬいた、大きな「答え」　18
02　ゴールは明確だが、ルールで縛らない　26
03　どんな目標も必ず、数値で示す　33
04　あらゆる部署でPDCAを高速で回す　42
05　やり直しもOK！　だから行動あるのみ　48
06　あえて「独自メソッド」をつくらない　55
07　ジェフ・ベゾスは、完璧にこだわる　59
08　自分たちの非を認めて、改善することに抵抗がない　65

第2章
アマゾンの時間マネジメント

09 ジェフ・ベゾスが考える「時間」とは？ 72
10 やめてもいい作業の見分け方 79
11 社員の「善意」を育てるより、仕事の「仕組み」を育てる 83
12 残業の正体 89
13 業務管理の基本単位は「週」 94
14 「時間」を手に入れるための投資は惜しまない 100
15 お客様が「時間」を選択して、アマゾンの効率と売上を確保する 107

第3章
アマゾンはすべてを数値化する

16 数値はすべてを雄弁に語る 114
17 異常値を知るための仕組みをつくる 119

18 数字で共有しなければムダはなくならない 122
19 どんな企業も数値は持っている 126
20 目標数値と現状数値を明確にする 131
21 まちの書店の場合 135
22 上限、下限、範囲内で目標設定する 140
23 すべての職業は数字を想定して活動するもの 148
24 マネージャーの仕事は「人、モノ、金、時間」の最大化 156
25 「今週の目標は?」に、すぐ答えられる人になる 160

第4章

事業を加速させるミーティング

26 アマゾン出身者から見た「日本型会議」の特徴 168
27 会議の目的(=ゴール)を明確にする 175
28 会議の参加者一人ひとりの役割を明確にする 180

29 オーナーが場をリードする 185
30 ファシリテーターが身につけたい実践テクニック 194
31 「成長機会」としてのミーティング 198
32 文書は「1ページ」か「6ページ」でつくる 203
33 プロジェクトは小さく始める 211

第5章 最高のスピードを生む組織・人材づくり

34 組織と情報のヒエラルキーはスピードの敵 220
35 アマゾン流「1on1」 229
36 メール、電話、チャットの使い分け 235
37 権限を委譲する「任せる力」 241
38 生産性を1%上げたいなら5分短縮せよ 247
おわりに 252

第1章

★★★★★

アマゾンはなぜ「スピード」にこだわるのか？

01 amazon way

顧客満足にこだわりぬいた、大きな「答え」

アマゾンでもっとも重要視されている単語を1つ選ぶとしたら、それは「カスタマー」(顧客)という言葉でしょう。

3つのエピソードを交えながら、話を進めていきます。

1 アマゾンが持つ「カスタマー・エクスペリエンス」という価値基準

アマゾンには、創業時から**「グローバル・ミッション」**と呼ばれる成文が存在しています。日本企業における「社是」のようなものですが、世界中のアマゾンで、幹部社員のみならず一般の社員にも、広く、深く浸透しています。

そのグローバル・ミッションの中で取り上げられている言葉が、**「カスタマー・エクスペリエンス」**と**「セレクション」**の2つです。

「カスタマー・エクスペリエンス」を日本語に訳すと、**「顧客体験」「顧客満足」「顧客感動」**などになります。

お客様がアマゾンでものを買ったり、アマゾンのサービスを利用したりすることで、「得した」という感情だけでなく、「ハッピーだ」「楽しい」と思える体験ができるという意味を含んでいます。

アマゾンの社員たちは、この「カスタマー・エクスペリエンス」という言葉を頻繁に使います。例えば、会議で「ある仕組みを導入するべきか？」ということを話し合っていたとします。その際、

「それってカスタマー・エクスペリエンス的な効果はどうなの？」

と質問するのです。つまり、

「その仕組みを導入することで、お客様の満足度は上がるの？　それとも下がるの？」

といった意味で使うのです。アマゾンで「カスタマー・エクスペリエンス」という言葉は、あらゆる物事を判断する際の物差しとなっているのです。

2　アマゾン流14ヵ条の「リーダーシップ理念」

アマゾンには**「Our Leadership Principles」**、略して**「OLP」**が存在しています。日本語では「リーダーシップ理念」という意味で、「アマゾンの社員はどのような存在であるべきか?」を規定した、全14ヵ条からなる行動理念です（次ページ参照）。

OLPは、アマゾンの文化を語るうえで欠かせません。人事採用面接では「OLPに適う要素を持ち合わせた人物か?」をチェックしますし、人事評価も「OLPに即した行動をしていたか?」で行われています。アマゾンジャパンの社員は、OLP14ヵ条が印刷された小さなプレートを、社員IDとともに常に首からぶら下げ、携行しています。

そのOLPの筆頭にあるのが**「Customer Obsession」（カスタマー・オブセッション）**という言葉。**「顧客へのこだわり」**と訳しますが、アマゾンの社員は常にお客様本位の行動をとることを求められているのです。

余談ですが、アマゾンでは、全世界の幹部社員が集まる合宿などで、ほぼ必ず、「OLPの中でどれがいちばん好きか?」という話題になります。私が参加した会では、約9割の人が、14ヵ条の中から「カスタ

OLP（リーダーシップ理論）14ヵ条

1	Customer Obsession	顧客へのこだわり
2	Ownership	オーナーシップ
3	Invent and Simplify	創造と単純化
4	Are Right, A Lot	多くの場合正しい
5	Learn and Be Curious	学び、そして興味を持つ
6	Hire and Develop the Best	ベストな人材を確保し育てる
7	Insist on the Highest Standards	常に高い目標を掲げる
8	Think Big	広い視野で考える
9	Bias for Action	とにかく行動する
10	Frugality	質素倹約
11	Earn Trust	人々から信頼を得る
12	Dive Deep	より深く考える
13	Have Backbone; Disagree and Commit	意見を持ち、議論を交わし、 納得したら力を注ぐ
14	Deliver Results	結果を出す

マー・オブセッション」を選びました。アマゾン社員にとっては、それほど重要なフレーズなのです。

3 お客様がアマゾンの道標になっている

アマゾンでは、四半期に一度、社員表彰が行われています。いくつかの賞があるのですが、その中でもっとも価値のあるのが**「ドアデスクアワード」**と呼ばれる賞です。受賞者にはドアデスクのミニチュア版が贈られます。

ドアデスクとは、タル木を脚にし、その上に安い木のドアを天板にしてつくった机のこと。ジェフ・ベゾスは、アメリカのシアトルのガレージでアマゾンを創業したとき、ドアデスクを自作して使っていました。その初心を忘れないようにという思いで、副賞としてドアデスクのミニチュア版が手渡されるのです。

その副賞には、アマゾン創業者ジェフ・ベゾス氏のサインとともに、ある一文が必ず手書きされています。その言葉が**「Customers Rule!」（お客様が決めるんだ！）**なのです。

アマゾンにとって、**お客様は北極星のようなもの**。自分たちの進むべき進路を示してくれているのです。

「はじめに」で、アマゾンは翌日配送を当日配送へ、そして最短1時間配送へと縮めてきたという話を書きました。けれども、「最短1時間配送のほうが自分たちにとってメリットがある」わけでも「最短1時間配送が会社の当初からのミッションだった」わけでもありません。**「少しでも早く届いたほうがお客様はうれしいだろう」**という、実にシンプルかつ普遍的な理由が存在しているだけなのです。

★「社長や上司のための速さ」を求めていないか？

経営コンサルタントとなり、日本のさまざまな企業のようすを見させていただくようになりましたが、「非常にもったいない」と感じる場面がたくさんあります。

社内での稟議や調整に時間をかけすぎるのです。

上司の顔色を伺い、会社の都合を忖度《そんたく》しすぎるのです。

例えば、１つの革新的なアイデアを思いついたとします。革新的なアイデアであるならば、すぐに準備に取りかかるべきです。そして、あらゆる問題を検討・解決し完成度を高めて、一刻も早く世の中に提供すべきです。それが「お客様の満足度向上」につながる、シンプルかつストレートな行動のしかただと思います。

ところが、企画を通すのに1年、プロジェクトチームを編成するのに半年。アイデアが形になるまでにいったい何年かかるのか……という時間のかけ方をする企業が多いのです。まるで「時が止まっている」かのような錯覚に陥ります。

その膨大な時間は、いったい誰の喜びのための時間なのでしょうか？　お客様に「喜んでお金を払いたい」と思ってもらえないならば、それは残念ながらムダな行動、ムダな努力と言わざるを得ません。このような悩みを抱え、日々徒労感に襲われているビジネスパーソンが非常に多いのではないでしょうか。

そんな職場の雰囲気を少しでも改善するには、たとえ一人であっても、

「これによってお客様が喜んでくれるのか？」

という問いを職場で発し続ける必要があると思います。上司の指示がお客様の満足とは逆の方向を向いているように感じたら、

「これをやったら、お客様が喜んでくれますかね……？」

と聞いてみるのです。直接的な言い方ではカドが立つなら、「お客様を何とか喜ばせたいですね」「一刻も早く喜ぶ顔が見たいですね」といった表現でも良いかもしれません。

お客様という北極星を際立たせ、その光を共有することによって、「何が必要で、何がムダか？」といった仕事の仕分けができていくのです。

スピード仕事術 01

アマゾンは、「お客様は喜んでくれるのか？」を仕事に落とし込み、必要とムダの仕分けをする。

02 amazon way

ゴールは明確だが、ルールで縛らない

アマゾンは、**創業以来毎年20％以上の成長を遂げてきた会社**です。このペースはおそらく今後も緩まることはないように思います。

「1（現在）×1・2（1年後）×1・2（2年後）×1・2（3年後）×1・2（4年後）×1・2（5年後）……」となるわけですから、計算してみると、「5年後には現在の2・5倍の規模の会社」になります。すでに世界各国に大きな影響を与えているアマゾンですが、5年後にはさらに現在の2・5倍の規模にまで膨れあがっている可能性があるのです。

このような毎年の急成長も、アマゾンのスピード仕事術の大きな要因となっています。

まず、これほどの急成長を実現するには、誰一人としてムダなことをやっている暇がないのです。結論の出ない会議や遅刻・中抜けが許されてしまう会議、何人もの印鑑を必要

アマゾンの業績推移

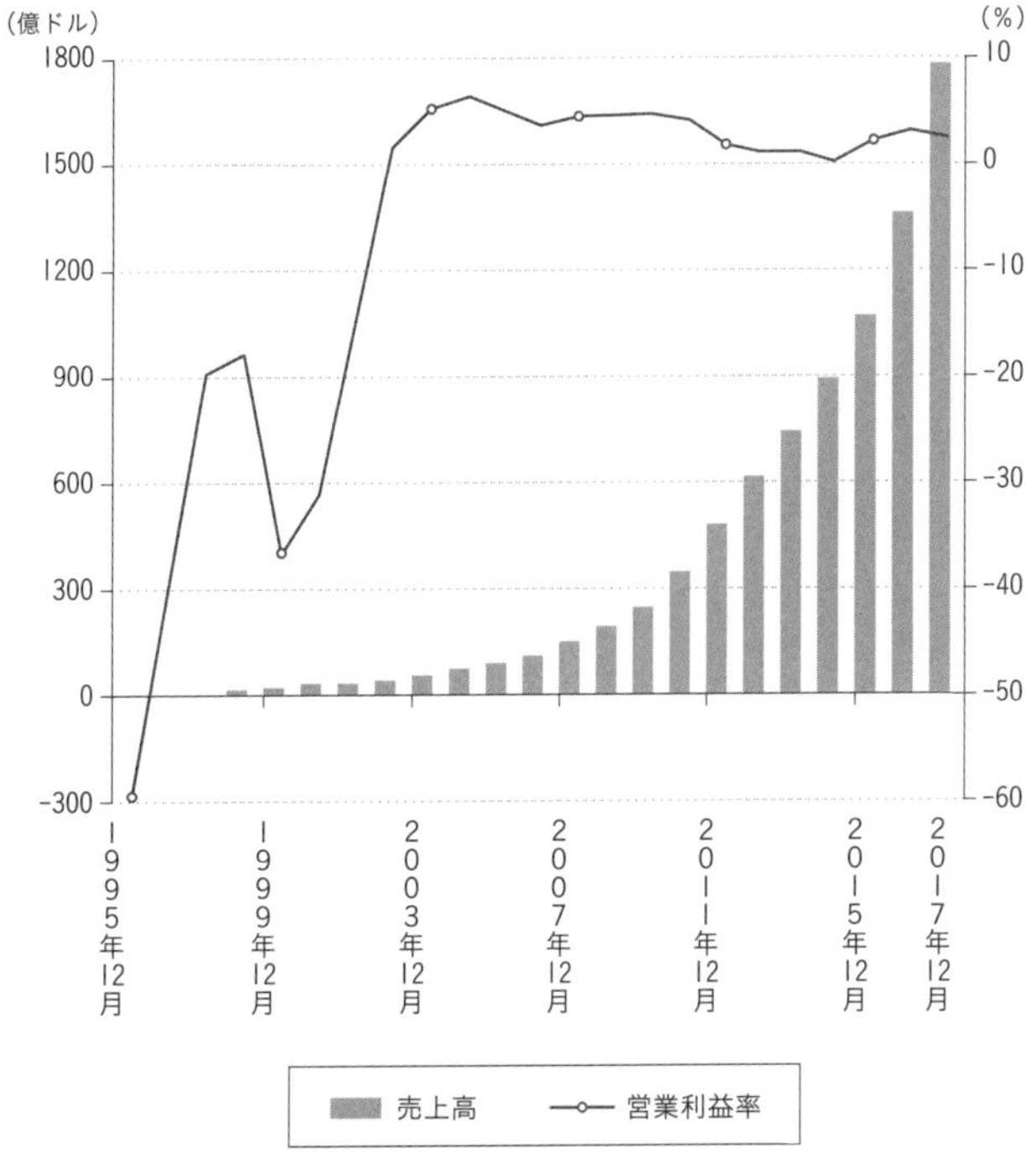
(億ドル)
(%)
1800
1500
1200
900
600
300
0
-300
10
0
-10
-20
-30
-40
-50
-60
1995年12月
1999年12月
2003年12月
2007年12月
2011年12月
2015年12月
2017年12月
売上高
営業利益率

としていっこうに進まない稟議、必要備品の購入にもかかわらずなかなか降りない決裁……などは、社員の貴重な時間を奪う「時間泥棒」のように見なされます。

また、

「何を決めておかなければ前に進めないか？」

「逆に何を決めてしまうと進むスピードが落ちるか？」

も明確です。

スピード感を持って組織が進むのに大事なもの――それは達成すべき目標です。次項で詳しくお話ししますが、アマゾンでは一人ひとりの達成すべき目標が、数値で定められています。倉庫（フルフィルメントセンター）を例にとれば、本社のあるアメリカと日本の責任者の協議によって売上にひもづく大きな目標が1年単位で設定され、それを1ヵ月単位、1週間単位、1日単位に分解し、最終的には1時間単位にまで落とし込まれています。アマゾンの全社員が「どんな期間内に、どんな数字を達成することを求められているのか？」を知っているのです。

このような目標を数値でしっかり決めると同時に、マニュアルの運用にも注意を払っています。アマゾンでは、作成したマニュアルが１年後も同じ中身のままであることはありません。

その最大の理由は「マニュアルを固定してしまうとそれがベストだという思い込みにつながってしまう」からです。例えば、出荷の際の手順をマニュアル化して、全世界のアマゾンで共有したとします。それを覚えた社員たちはムダなく動けるように見えますが、じつは「思考停止」に陥る可能性が高いのです。改善の余地が生まれにくく、結果としてスピードの低下を招きます。

それよりも、

「このやり方はベストか？」

と常に自問し、現状よりも良いやり方があればそのやり方にシフトしたほうが良い——というのが、アマゾンの考え方なのです。

ゴールは決めるが、方法論は決めない。それが、アマゾンという組織の仕事のスピードを生み出す、大きな要因となっています。

★アマゾン社員たちは、私が想像する7倍速かった！

アマゾンのスピード感は、実際にどのようなものでしょうか？

私はセガという会社に、新卒で入社しました。他の会社の実情はわかりませんが、当時は任天堂と激しいシェア争いをしていたので、当時のセガの仕事のスピードはかなり速いほうだったと思います。

そのセガで「来週いっぱいまでに数字まとめておいてもらえる？」と言われるボリュームの内容を、アマゾンでは「明日までにまとめておいてもらえる？」という感覚でした。私の入社当時、ＩＴ業界ではよく「ドッグイヤー」という言葉が使われました。「犬の１年は人間の７年に相当する」という意味で、ＩＴ業界のスピードの速さを表現していたのですが、「１週間後」と「明日」の締め切りの違いは、アマゾンが通常の企業の７倍のスピードで行動していた１つの証《あかし》と言えます。

ただ、アマゾンの社員たちが、このスピード感をどのように捉えているのかというと、「あまり速いと感じていない」というのが正直なところです。

私も、入社当時は少し戸惑いました。けれども人間は不思議なもので、すぐに慣れてしまうのです。

これは、サーキットに合流するF1マシンをイメージしてもらうとわかりやすいと思います。サーキットでは、他のマシンが高速で走っています。自分だけ減速して合流したら危ないので、同じ速度で合流し、そのまま他のマシンと走り続けます。そのため、いったんサーキットに出てしまえば、特に自分だけがスピードを出している気持ちにはならないのです。

★スピード力は、スポーツのように鍛えるもの

少し負荷を上げた環境に身を置けば、身体は自然と慣れていく――これはスポーツのトレーニングなどにも共通する考え方だと言えます。もしも今の自分を「スピード体質」に適合できる環境に置きたいなら、2つのアプローチが可能です。

1つは、**「自ら締め切りを前倒しして期間を少し短くする」**こと。

もう1つは、**「自ら目標数値を引き上げて難易度をアップする」**こと。

特に前者は、今の仕事でスケジュールに余白をつくれるという点でオススメです。余白ができたら、まずは「自分を楽しむための時間」に充ててみましょう。そして余白の喜びを十分味わったところで、「お客様のためにその時間をどう使えるか？」を考えると良いように思います。

スピード仕事術★02

「このやり方はベストか？」と、常に自問し負荷をかけ続けることでスピード力を手に入れる。

03 amazon way どんな目標も必ず、数値で示す

アマゾンは今や、世界中に大きな影響を与える巨大な組織です。普通に考えれば、大きくなればなるほど組織のスピードは鈍化します。しかし、アマゾンはまるでF1レースのようなスピードで常に走り続けています。それどころか、年々スピードを増しているのです。

なぜ、そんなことが可能なのでしょうか?
それは、「どこがゴールなのか?」という意識合わせが明確だからです。
そのゴールは**「メトリックス」**と呼ばれています。

メトリックスは辞書などによれば「さまざまな活動を定量化し、その定量化したデータを管理に使えるように加工した指標」のことだそうです。ビジネス用語としてよく使われ

る「ＫＰＩ＝Key Performance Indicator」（重要業績評価指標）と一緒のものと考えて良いと思います。

要は、

「アマゾン全体で、今年どんな数字を達成したいのか？」

「そのために、アマゾンジャパンには今年どんな数字を達成してほしいのか？」

「そのために、アマゾンジャパンのオペレーション部門には今年どんな数字を達成してほしいのか？」

「そのために、オペレーション部門の１つである○○倉庫（フルフィルメントセンター〈ＦＣ〉）には今年どんな数字を達成してほしいのか？」

「そのために、○○ＦＣには今月どんな数字を達成してほしいのか？」

「そのために、○○ＦＣには今週どんな数字を達成してほしいのか？」

「そのために、○○ＦＣには今日どんな数字を達成してほしいのか？」

「そのために、○○ＦＣの××部門ではこの１時間でどんな数字を達成してほしいのか？」

といったように、「全社で目指したい大きな数字」を分解し、各部門によっての「この

1時間で達成したい数字」のレベルまで落とし込まれているのです。そして、自分たちが求められている数字は各現場で常に「見える化」されています。


ですから、どの現場でも**「自分が目指すべきゴール」が明確**なのです。

また、どの現場でも**「ゴールを目指す理由」が明確**なのです。


「メトリックス」の存在――ここにアマゾンの強さがあると私は感じています。

★数字で決めるから迷いがない！

大きな数字を分解する形で小さなゴールが決められているからこそ、1つの共通認識を持つことができます。各現場が猛烈なスピードで進んでも、ブレることがありません。

各現場でのやり方を一任できるのも、ゴールが決められているからです。端的に言えば、「数字を達成できるのなら、方法はどんなものでも良い」のです。

どんな方法でも良いというのは、労働時間を長くするといった非人道的な方向を指すのではありません。FCの例で言えば、「今まで手作業でかなりの時間をかけていた作業を、テクノロジーを導入して簡略化する」とか「資材の形状を変えることで、梱包作業を簡略化する」など、アイデアやテクノロジーを活かすことを指しています。

既成概念で「こうでなくてはならない」「こうやるのが当たり前」と思考停止するのではなく、「こうしたら簡単にできてしまうよね！」「こうしたらもっとお客様に喜んでもらえるよね！」ということを、各現場が常に考えて行動しているのです。

各現場に明示される数値、それは棒高跳びにおけるバーのような存在です。そして、アマゾンの社員は棒高跳びの選手のようなものです。アスリートならば軽々とバーを超えたいし、きれいにバーを超えたいし、もっと上のバーも目指したい——そんな気持ちになるものです。「すべてが数字で決まっている」と聞くと、なんだか無機質で冷たい会社のように感じる人もいるかもしれませんが、実際は逆です。社員の意識共有、そして創造性の発揮を促すのです。

★シンプルな組織体制で、濃密な意思決定

では、メトリックスはどのように決められているのでしょうか? アマゾンの組織体制も含めてお話ししていきます。

アマゾンは、アメリカ本社を中心とした、部門ごとの縦割り組織となっています。トップにCEOのジェフ・ベゾスがいて、その下に各部門の決裁者であるSVP(シニア・ヴァイス・プレジデント)、さらにその下に世界各国ごとにVP(ヴァイス・プレジデント=各部門のトップ)が数十人います。そこからディレクター、シニアマネージャー、マネージャーが続きますが、かなり階層が少ない組織です(39ページ参照)。

アマゾンジャパンは現在、ジャスパー・チャン氏(リテール〈小売り〉やサービスの担当)と、私の直属の上司でもあったジェフ・ハヤシダ氏(FC、カスタマーサービス、サプライチェーンなどの担当)の2人の社長がいます。彼ら日本の社長2人も、VPの肩書きです。この2人もアメリカのシアトルに上司(SVP)がいます。

私は、ディレクターの肩書きで仕事をしていました。アマゾンという大きな組織ですが、「3つ上にはジェフ・ベゾスがいる」という、かなり風通しの良い組織なのです。

また、「リテール部門」「オペレーション部門」「サービス部門」など各部門に専任の財務（ファイナンス）チームが存在しているのも特徴の1つです。これにより、「オペレーションとしてはFCの新設にお金を投資したいけど、リテールがシステム変更をするので予算がとれないらしい」といった、各部門の思惑に左右されない体制ができているのです。

さて、私が長く在籍していた「アマゾンジャパンのオペレーション部門」のメトリックスを例に説明します。

来期のメトリックスは、アメリカのオペレーション部門のファイナンスチームとジャパンのオペレーション部門のファイナンスチームとのやりとりで決定していきます。

アメリカとのやりとりは、数ヵ月以上に及びます。ジャパン側が伝える数字はかなり高い目標ではあるのですが、アメリカからは「もっと安くできる方法はないか？」「もっと予算をかけずにできる方法はないか？」といった戻しがあり、組織がシンプルな分、非常に濃密なやり取りが行われます。

このやりとりで決まった大きな数字を分解し、各現場での目標に落とし込んでいきます。そして、来期の目標が数値として明確になっていくのです。

アマゾンの組織図

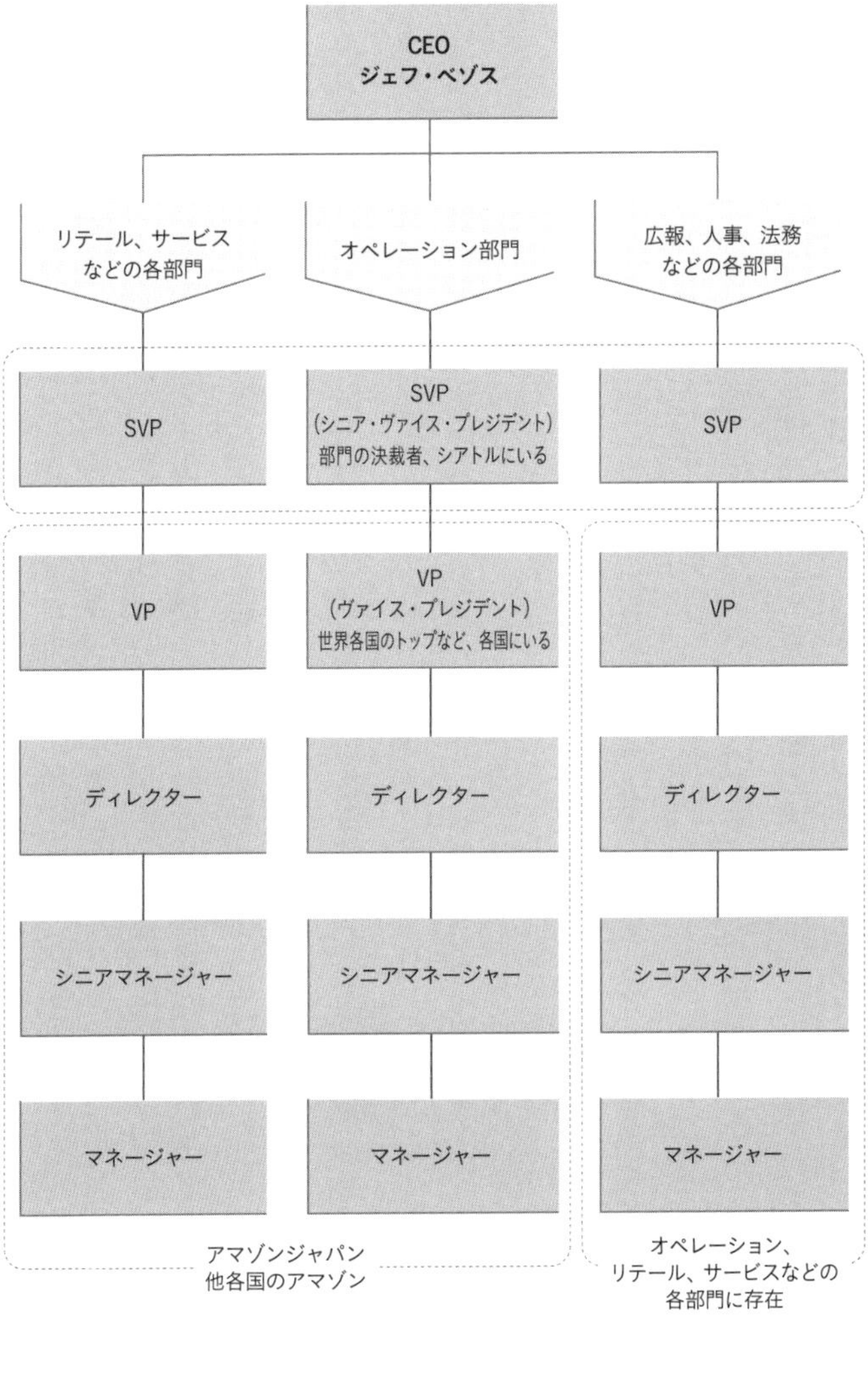
CEO
ジェフ・ベゾス
リテール、サービス
などの各部門
オペレーション部門
広報、人事、法務
などの各部門
SVP
SVP
（シニア・ヴァイス・プレジデント）
部門の決裁者、シアトルにいる
SVP
VP
VP
（ヴァイス・プレジデント）
世界各国のトップなど、各国にいる
VP
ディレクター
ディレクター
ディレクター
シニアマネージャー
シニアマネージャー
シニアマネージャー
マネージャー
マネージャー
マネージャー
アマゾンジャパン
他各国のアマゾン
オペレーション、
リテール、サービスなどの
各部門に存在

★アマゾンは、数字をただの「飾り」にしない

アマゾンのメトリックスの考え方を日常使いする方法については、第3章で詳しく解説しますが、会社のマネジメントに携わる立場の人は、現時点で、

「一定期間（例えば1週間）内に達成すべき数字は決まっているか？」

「その数字は、大きな数字（例えば年間売上目標など）と本当にひもづいているか？」

「その数字は、目標達成の指標としてふさわしいものか？」

「その数字を、一部ではなく関係者全員で共有できているか？」

などについて、セルフチェックしてみてもいいでしょう。


数値目標が存在しない会社は、世の中にほとんど存在しません（あえて数値目標を設定しないポリシーを持つ一部の会社を除いて）。

ただ、その数値化が周知徹底されていない会社がほとんどです。浸透が途中で止まってしまい、数字が無意味なものとなってしまっているのです。

まずは「どこで根詰まりを起こしているのか？」を突き止める。それだけで、会社の進

化のスピードを上げるヒントがつかめるはずです。

スピード仕事術 03

目標数値が、どのレベルまで落とし込まれているかをセルフチェックする。

04
amazon way

あらゆる部署でPDCAを高速で回す

アマゾンでは、PDCA（Plan→Do→Check→Act）サイクルをいかに素早く回すかを重要視しています。リテール、オペレーション、サービス、広報、人事、法務……あらゆる部署のあらゆる現場で、小さなPDCAが絶えずクルクルと回っているイメージです。

なぜ、そこまで実践を繰り返すのか。それは、「やってみないとわからない」ということがたくさんあるからです。

PDCAのP（プランニング）は、たしかに大事です。けれども、そこに数ヵ月もかけることをアマゾンでは良しとしません。「まずは小さくやってみて、その結果を見てみたい」というのがアマゾンの基本的な考え方です。そこで出てきた結果が良ければ次のステップへ進めますが、悪ければ原因を突き止めて次のステップへ進む必要があります。C

（チェック）やA（アクト）を行うには、何よりもD（ドゥ）に進むことが大事だという意識が強いのです。

★アマゾン初の「代引き決済」導入をスピードで実現

私はアマゾンへ入社してすぐの2000年に、「各国のアマゾンに先駆けて、日本で代引き払い機能を導入する」というプロジェクトのリーダーを担当することになりました。当時、関西方面のアマゾン使用率が伸び悩んでいたことが、きっかけです。

関西、特に大阪では「物が届く前に、クレジットカードなどで支払い手続きをするのに抵抗を持っている人が多い」という話を聞いたことがあります。ところが当時、「Amazon.co.jp」はクレジットカード決済の支払い方法しか選ぶことができなかったのです。私は上司とともにアメリカの本社にそういったメンタリティーの説明を行い、「関西のユーザーを増やしたいなら、支払い方法の1つとして代引き（Cash On Delivery＝COD）を持たなければならない」と主張したのです。

アマゾンには「まずアメリカで小さく〝実験〟してみて、うまくいったら日本をはじめとした世界に横展開する」という基本的な考え方があります。

しかし、代引き機能は例外でした。アメリカはクレジットカード社会なので、誰もが基本的にクレジットカードを持っていますし、いわゆる〝先払い〟に対する抵抗がまったくないからです。世界初の機能導入について、「そんな機能、本当に必要なのか？」と思っている相手に対してプレゼンするところからスタートしたわけです。結果、投資に対する効果を説明して、プロジェクトのGOをもらいました。

とはいえ、決めなければいけないこと、そして検証しなければいけないことは山ほどあります。

まず、日本を含む世界各国のアマゾンサイトのシステムは、すべてアメリカのシアトルで一元管理されています。シアトルのシステムチームに「どのようなシステムを追加するのか」を詳細に説明する必要があります。

また、流通業者さんと「お金の回収はどのような期限でどのように行うのか？」のルール決めをする必要があります。「注文相手が3日間不在だった場合はどうするか？」「荷物を2個届けて1個は受け取ってくれたものの、もう1個は『いらないです』と言われた場合はどうするか？」といった、ありとあらゆるケースを想定し、事前に決めておく必要があるわけです。

けれども、決めることはメインではないのです。アマゾンにとってもっとも大事なのは、「お客様に喜んでもらえるような形でサービスを開始し、その後もスムーズに稼働させること」なのです。そのために必要なことは、「検証」なのです。

システムについては流通業者さんの担当も交え、シアトルと電話会議をしますが、細かいニュアンスまでは確認できません。そこで「実際に乗り込んで、システムを動かしながら話を詰めたほうが早い」と考え、すぐに飛行機に乗り、2人で現地に飛びました。そして、一つひとつの動作を確認・検証し、システムの完成に至りました。

また、流通業者さんとのお金の流れについては、実際に私が購入者となりテストをしました。例えば、流通業者さんから自宅に2個の荷物を届けてもらい、「1個はいりません」と答えたときに、未回収となる1個分の代金はルールどおりに両者の間でやりとりされるのか……ということを検証したのです。

検証し、不具合があれば修正する。そして次の検証を行い、不具合があれば修正する。

小さなＰＤＣＡをクルクルと回し続けることでしか、サービスは完成形に近づいていきません。

★関わる人すべてが、ＰＤＣＡを回している

では、アマゾンでは、どのくらいのスピード感でプロジェクトを進行しているのでしょうか?

代引き払い機能の導入に関しては、私たちが「代引き決済ができたほうが良いのではないか?」という気づきを得てから、アマゾンサイト上で実際に代引き決済を開始するまでに要した時間は、5ヵ月ほどです。開始までに検討・決定しなければならなかった要素の数を振り返ると、我ながら驚くほどのスピード感です。

そして、真に驚くべきは、このプロジェクトに関わってくれた仲間全員が、このスピード感で仕事を進めてくれたことです。プロジェクトチームのメンバーはもちろん、アメリカのシステムチーム、ジャパンの経理チーム、そして取引先にあたる流通業者さん……すべての人たちが小さなＰＤＣＡを高速で回し続けてくれたことで、驚異のスピードを実現できたのです。

これは、タイヤを転がすのと同じイメージです。大きなタイヤを転がそうとすると、始めに大きな力が必要で、動き出すまでに時間もかかります。けれども、小さなタイヤなら軽い力で済むし、すぐに動き出せるのです。

スピード仕事術★04

PDCAサイクルは、Pにこだわりすぎず、Dへ素早く移行し、CやAを充実させる。

05 amazon way

やり直しもOK！だから行動あるのみ

アマゾンには14ヵ条からなる「OLP」（リーダーシップ理念）が存在しているというお話をしました（20ページ参照）。OLPは、アマゾン社員に求められる行動理念です。部下を持つリーダーだけでなく、全社員が対象です。日常業務の中でOLPに則った行動をしてきたかどうかが、給与査定にも反映されるのです。

さて、このOLPの第9条に**「Bias for Action」**という一文があります。日本語に訳すと「とにかく行動する」となります。アマゾンのウェブサイトにはOLP14ヵ条と各解説文が掲載されているので、第9条を引用してみましょう。

「Bias for Action　～とにかく行動する～」

ビジネスではスピードが重要です。多くの意思決定や行動はやり直すこともできるため、大がかりな分析や検討を必要としません。計算されたリスクをとることも大切です。

「バイアス」という言葉は「斜めの」や「偏らせる」などの意味があり、日本語で使う場合は「バイアスをかけて物事を見てはいけない」など、あまり良くない意味がある気がします。

けれどもアマゾンでは、「行動する? 行動しない?」で迷うのではなく、「行動あるのみ!」と言っているわけです。そして補足の解説文できちんと「やり直すこともできるため」と理由を述べているのです。そして、「計算されたリスクをとることも大切」と背中を押しているのです。

このような行動理念があるからこそ、アマゾンの社員たちは安心して行動を開始し、かつ行動し続けられるのです。

★複数の糸口をイメージして行動する

私がアマゾンジャパンのディレクターの一人として常に感じていたのは、「行動し続けるうえで重要なのは『柔軟な発想』だ」ということです。わかりやすく説明するために、クイズ形式で考えてみたいと思います。

例えば、

「あなたが知っている市区町村の、トイレの便器の総数は、だいたいどのくらいだと思いますか？」

と聞かれたとしましょう。

ほとんどの人は、「人口」をベースに算出するのではないでしょうか。

(自分が知っている市の人口は30万人でしょ？　1家族3人として、そこに1つトイレがあるとしたら10万個だな。自宅だけでなく駅や学校や商業施設にもあるな。それをだいたい2万個と仮定したら、合計12万個くらいかな)

といった具合です。人口という非常にオーソドックスな要素をベースに、物事を考えられる能力がまず重要です。

さらに続けて、

「では、人口以外の数字をもとにトイレの便器の総数を算出してもらえますか？」

と聞かれたらどうでしょうか？

このときに浮かぶ切り口がどれだけあるかが、自分の頭の柔軟性を物語るように思うのです。

もっとも簡単なのは、「トイレを頭に思い浮かべたときに出てくるもの」を切り口にする方法です。

例えば、トイレットペーパーの消費量。あなたの知っている市区町村で、年間ないし月間どれくらい使われているかがわかれば、その数字をもとに便器の総数を算出できるかもしれません。

あるいは、トイレで使われている水の量がわかれば、その数字も使えるかもしれません。

または、芳香剤の販売数。そのうちの何割かがトイレ用芳香剤だと仮定して算出する方法もあるかもしれません。

さらには、「一見関係なさそうだけれど、意外と相関関係があるかもしれないもの」を切り口とする方法です。

私はかつて、この質問を人にしたことがあります。その際「なるほど」と思って印象に残っている回答は「車の登録台数」でした。自家用車もあれば、商用車もあれば、バスなどの公共交通機関もあります。解説を聞くうちに「もしかしたら便器の総数と車の登録台数は近いかもしれない」と感じられたのです。

私は、アマゾン在職中に数千人単位の採用面接に立ち会ってきました。その際、「この人は柔軟な発想ができる人だなあ」と感じた人は、狭き門をくぐって入社した後、活躍する確率が高かったと感じています。

一方で、「1つの切り口しか見つけられなかった」という人は、たとえ入社しても苦労していました。どんな状況に陥ってもゴールにたどり着くには「これがダメなら、あれをやってみよう」とやり方をすぐに切り替えていく必要があります。そうでないと、スピードが落ちるどころか、その場に停止してしまうのです。

中には「そんなにたくさんの切り口を見つける必要がそもそもどこにあるのか?」と訝《いぶか》る人もいます。自分の成功体験に自信を持っている人に見られる傾向です。このような傾向のある人は、アマゾンの面接で採用される確率が非常に低いと思います。すぐに立ちゆかなくなるのが目に見えているからです。

2008〜2009年頃のことですが、大阪府堺市に倉庫（FC）を急いで新設することになり、私はプロジェクトリーダー（完成後はFCの所長）を任されました。

ところが、FCの建設予定地のすぐそばの護岸で遺跡が出てきました。その詳細を自治体が確認するのに約3週間を要し、その間は建設工事が中断となりました。けれども、工事が3週間中断したからといって、FCの開業を3週間遅らせることはできません。商品の搬入や出荷の予定が変わってしまい、その後のオペレーションに大きな影響を与えてしまうからです。

そこで、建設業者のタスクを細かく見直し、一つひとつの作業工程を少しずつ詰めてもらい、アマゾン側で協力できることはすべて行い、3週間の遅れを取り戻すためにありとあらゆる方法を駆使しました。スケジュールどおりにFCがオープンした日は感慨がありましたが、アマゾンでは皆、「難しい事態に直面するのは当たり前。それを何とかするのが自分たちの役割」と思っているのです。

どんなに困難な状況に陥っても、歩みを止めない――。それもスピードを保つ秘訣の1つです。

そのためには、目の前の課題に対してさまざまな切り口を見出し打開していく、しなやかな頭が必要なのです。

スピード仕事術★05

まずは行動する。問題の糸口を複数持つことで、最短最適の答えを導く。

06 amazon way

あえて「独自メソッド」をつくらない

よくアマゾンの社外の人から「アマゾンのスピードを実現している独自メソッドを教えてください」と言われることがあります。

その質問に対して私はいつも、

『メソッド＝1つの決まったやり方』という意味であれば、アマゾンには特別なメソッドは存在していません」

と答えています。

もちろん、基本的な仕組みは存在しています。数値目標であるメトリックスは全社員に徹底したり（33ページ）、有機的に動ける小さなチームを編成したり（220ページ）、資料のページ数や書き方が決まっていたり（203ページ）……ということはもちろんあります。

けれども、それらが特別なものかと言えば、まったくそうではありません。どの会社でも、「明日から取り入れようと思えばすぐに取り入れられるものばかり」なのです。そこにアマゾンの独自メソッドは存在しないのです。

スピード向上に対する施策もまったく同様です。

スピードを向上させるためのルールを設けるのは非常に簡単です。ある時間内にアイデアを出し合うゲームを開催してスピードに慣れさせたり、同じ質・同じ量の仕事を用意してチームやラインで競争させたり、スピードを成し遂げた個人やチームを表彰や給与アップで評価したり、残業をなくすためのアラートを鳴らしたり……さまざまな方法が考えられます。

けれども、そういったスピードアップの施策は、アマゾンの考える「本質的なスピード」とは異なります。「それはお客様が喜ぶスピードアップなのか？」「スピードアップを獲得するためのその時間に、お客様は喜んでお金を払いたがるか？」と自問すると、答えは「NO」だからです。

あくまでも目的は「お客様の満足度向上」であり、そのための有効な手段が「スピード」なのです。

目的が社内での評判や競争になっている場合、相手を出し抜くような打算的なメンタリティやモチベーションになりやすいのです。しかし、「お客様満足」が目的にあることは極めてポジティブで、自分のやる気にも直結します。

★改善したあとにやってくる「安心感」には要注意

アマゾンは、「一度ルールを決めてしまえばスピードや仕組みが膠着化してしまう」という考えを持っています。

例えば、「この作業を7日間でやろう」と決めたとします。そして、そのためのやり方のマニュアルをつくったとします。その結果、14日かかっていたのに7日でできるようになったとします。半分の日数でできるようになったのですから、素晴らしいように思えます。

しかし、アマゾンでは、このようなときに起こる「安心感による思考停止」をもっとも怖れるのです。

現在7日間かけて行っている作業も、思いもよらない良いアイデアがひらめいたり、新しいテクノロジーを導入したりすれば、わずか1日でできてしまうかもしれないのです。

けれども社員たちが「このやり方をすれば7日間でできるんだ。だから今のままでいいんだ」と思った瞬間、その可能性が失われてしまうのです。

「14日間かかることを7日間にすること」は、アマゾンのゴールではありません。「お客様のために少しでも速くすること」がアマゾンのゴールであり、そこには終わりがないのです。

よく私はアマゾンのことを「とても愚直な会社です」と説明しています。オリジナルのメソッドで成長しているのではなく、当たり前のことを当たり前にやっているだけ。ただ、その徹底ぶりが突き抜けているだけなのです。

スピード仕事術 06

仕事や仕組みは、常に改善の余地があるもの。1つのやり方に固執しない。

07 amazon way

ジェフ・ベゾスは、完璧にこだわる

アマゾンのCEOジェフ・ベゾスは「サービスが完璧になるまで公表しない」というスタンスを貫いています。

例えば、2018年1月22日にアメリカのシアトルで開始した「Amazon GO」。スマホ1つで店内に入り、レジでスマートフォンをタッチするだけで買い物が完了してしまう新しいコンビニです。システムの大枠ができた後も、なかなか公表には至っていません。シアトルに本社を構えるアマゾンの社員たちが〝実験台〟となってさまざまな買い物のケースを検証し、「お客様にご迷惑をおかけしない」という手応えを得て初めて公表しているのです。

私自身も入社時から、そのようなアマゾンの姿勢を体験しています。

アマゾンの日本版サイト「Amazon.co.jp」は２０００年11月1日にオープンしました。私が入社したのはその約6ヵ月前で、その間、私は立ち上げメンバーの一人として取引先を回りました。当初は「ネット書店」だったので、取引先は主に出版取次です。その時、表向きに「アマゾンジャパン」という社名を使うのは控えていただくよう関係各所に要請し、仮の社名を「エメラルド・ドリームズ」としていました。アマゾンという名前を伏せて、別の会社名で準備を進めていたのです。

当然、社員にも11月1日までは箝口令《かんこうれい》が敷かれ、アマゾンの社名を口にすることはできませんでした。元の職場の同僚に「どこで働いているの？」と聞かれても口ごもるしかなく、11月1日に一斉メールで「アマゾンです」と伝えたのを覚えています。

また、立ち上げ当時のオフィスは西新宿のビルにあり、外資系の他のスタートアップ企業とフロアをシェアしていました。「エメラルド・ドリームズ」という看板を見ながら、周囲の企業は「聞いたことのない会社だな」と思っていたはずです。私が入社して2週間ほど経った頃、ジェフ・ベゾスが日本にやってきました。当時の森喜朗首相が開催した「IT賢人会議」に、ビル・ゲイツなどと一緒にベゾスも招聘《しょうへい》されたのです。3ヵ月後の11月1日に「Amazon.co.jp」のオープンを控え、忙しく準備する日本のスタッフにも会いにやってきました。

ベゾスの高笑いはとても特徴的で、1999年にアメリカの雑誌『Time』が選ぶ「パーソン・オブ・ザ・イヤー」に選ばれたこともあり、ネット系ベンチャー企業の人間には有名でした。「あははははは」という笑い声を聞きつけて私たちの元へやってきた他社の人間たちが、

「お、ジェフ・ベゾスがいるぞ!」

「やっぱりアマゾンだったか!」

と言いながらうれしそうにしていたのは、良い思い出です。

★新しいサービスを直前まで「公表しない」理由

では、なぜアマゾンは直前まで「公表しない」のでしょうか?

それは「仕上がっていない状態でサービスを公表すれば、お客様に迷惑がかかるから」です。

アマゾンには「競合に勝つ」という概念がありません。OLP(リーダーシップ理念)の

第1条「Customer Obsession」の解説文でも、

リーダーはカスタマーを起点に考え行動します。カスタマーから信頼を獲得し、維持していくために全力を尽くします。リーダーは競合に注意を払いますが、何よりもカスタマーを中心に考えることにこだわります。

と明確に謳われています。ですから、「競合相手に先がけていち早く情報を公表しよう」という考え方がないのです。

ただし、「ライバルをまったく視野に入れない」という意味ではありません。「現在の自分たちはどれくらいのレベルか？」を把握するためのベンチマークは行います。例えば、「競合のA社が、当日配送の難しかった商品を当日届けるサービスを開始した」とします。それに対して、その商品は自社で当日配送ができていない状態だとします。するとアマゾンでは、「自分たちも工夫すれば当日配送できるんじゃないか？」と考えます。そして、「さらに工夫すれば、3時間後配送や1時間後配送も可能なんじゃないか？」と考えるのです。

「公表しない」だけで、本番環境で密かにサービスが開始されていることもあります。アマゾンプライムの配送特典の1つである「当日お急ぎ便」は、実は『我々は『当日お急ぎ便』というサービスを開始します」とアマゾンが世間に公表する前に、すでに開始されていました。「実際に本番でやってみて、不具合が生じないか？」をチェックするためです。当時、「Amazon.co.jp」で商品を購入したお客様の何％かは、「翌日以降に届くはずの商品が当日に届いてすごく驚いた」という体験をしていたでしょう。

このように、アマゾンの舞台裏では一刻も早くお客様に公表できるよう、「これはどうか？」「あれはどうか？」とさまざまな仮説検証を重ね、高速でPDCAサイクルを回しています。本番環境でのテストなども経ながら、完成度を60％、80％、90％と高め、100％が見えたときに、はじめて「公表する」のです。

★本来のゴールに基づいて「気持ちを急がせる」

顧客至上主義に基づくアマゾンのライバルに対する考え方は、さまざまな企業で有効活用できる考え方だと私は思っています。

「ライバルに勝つこと」が目的化されてしまうと、本来の主旨からズレたままスピードアップを行わなければいけません。また、常に相手の動きに応じてスピードアップをするハメになり、自己コントロールできないことで疲弊していきます。さらに、「すべてにおいて相手を上回ろう」という意識が強くなると、生まれるサービスの同質化（どっちも一緒）が起こります。

「どんな状態まで完成度を高めて、お客様に伝えたいか？」

「そうすることで、お客様にはどんなふうに喜んでいただけそうか？」

といった、本来のゴールに基づいて社員全員の「気持ちを急がせる」ことが、シンプルではあるのですが、もっとも有効なスピード化の方法だと感じています。

スピード仕事術 07

「ライバルに勝つため」ではなく、「お客様のため」に急ぐ。

08 amazon way

自分たちの非を認めて、改善することに抵抗がない

アマゾンの在職中、私は仲間たちとともに、アマゾン本社と同じくシアトルにある航空機の製造会社、ボーイングの工場見学に行きました。ボーイングのモノづくりのプロセス、ひいてはボーイングの製造プロセスを指導したトヨタのモノづくりのプロセスが、当時のアマゾンのオペレーションに非常に役立つところがあり、幹部研修プログラムの1つとなっていたのです。

ボーイングではそれまで、タスクごとに作業スペースが隔てられていて、「ここはエンジンを取り付ける場所」「このスペースはシーリングを取り付ける場所」といったように作業が終わるたびに何台もの巨大な飛行機を次の現場へ移動させていたのです。ところが、トヨタの製造方式をもとにした、ある画期的な製造プロセスを導入したところ、それまで何ヵ月もかかっていた納期が、わずか数週間に短縮されてしまったのだそうです。それは、

「1つのベルトコンベア上で飛行機を組み立てる」という方法です。

　毎分数センチほどの、非常にゆっくりした速度でコンベアは動きます。エンジンのスペースにゆっくりやってきた飛行機を、エンジン取り付けチームのメンバーが迎え、自分たちのスペースを通過するまでに取り付けを完了させます。すると、ちょうど良いタイミングで、次の飛行機がやってきます。ベルトコンベアのゴールは建屋の端になっていて、ゴールするときには飛行機が完成しているのだそうです。あれほど時間がかかっていた、けれどもそれが当たり前だと思って行っていた「飛行機の組み立て方」。それが、たった1つのアイデアで、劇的な効率化が達成されたのです。


　このようにジェフ・ベゾスは「今の自分たちにとって学ぶことがたくさんある」と感じた相手からは、躊躇《ちゅうちょ》なく学ぼうとします。

　ボーイング、そしてトヨタのモノづくりのプロセスを知ったことが、後の倉庫（ＦＣ）建設にも活かされています。２０１６年に神奈川県川崎市に建設した「アマゾン川崎フルフィルメントセンター」などは、「キバ・システム」というシステムを導入したロボットがＦＣ内を走り回り、出荷する商品を人のところまで持って来てくれるのです。そういった最先端、最速の仕組みが構築できたのは、さまざまな業種・業界の熟達者から学び、それをもとに改善を繰り返してきた結果です。

★自分たちを他の最高水準と比較、評価する

OLP（リーダーシップ理念）の第11条に**「Earn Trust」（人々から信頼を得る）**があり、その解説文には、

リーダーは、注意深く耳を傾け、率直に話し、人に対して敬意を持って接します。たとえ気まずい思いをする事があったとしても間違いは素直に認め、自分やチームの間違いを正しいと言ったりしません。リーダーは常に自分たちを最高水準と比較、評価します。

とあります。

ここで私が特に重要だと考えるのは、「たとえ気まずい思いをする事があったとしても間違いは素直に認め、自分やチームの間違いを正しいと言ったりしません」という部分です。

私たちは、メンツや世間体のために退くに退けなくなることがあります。「もう○月○日にサービスを開始するとプレスリリースを打ってしまった。今さら引っ込めるわけにはいかないので、どんな状態であってもその日から開始しろ！」とか、「社長の前で『1年後に絶対に軌道に乗せます』と言ったのに何だ、この現状は！　オレの顔を潰す気か！」など……。一方、アマゾンではそういった言葉を口にする人は絶対にいないのです。

まず、対外的なことで言えば、「一度は開始時期を公表したが、予定どおりに開始できなければ、躊躇なく開始を遅らせる」という判断をします。

完成度が高くなるまで世の中に公表しない主義ではあるものの、それでも公表後に重大な問題が発覚したとしたらすぐに予定をずらします。理由は、何度も述べてきたようにただ1つ、「お客様に迷惑がかかるから」です。

なぜこのような判断ができるかというと、**すべての人間がベストを尽くしているからです。「ありとあらゆる可能性を検討したけれど、予定どおりには無理」という確証がある**からこそ実行できるのです。決して安易な妥協ではなく、ハードルはとても高いところに設置されているのです。

また、社内でも**「間違いがあったらすぐに認めるのがリーダーの役割」**と明確に定義されています。「間違いを犯す」と評価が下がるのではなく、「間違いなのに認めない」と評価が下がるわけです。

と同時に、アマゾンでは「間違い」だけでなく「正しさ」についても言及しているところが素晴らしいと思います。人間には、我が身かわいさ、あるいは自分のチームかわいさで、「自分たちの考えや主張は正しい」と言いたくなるものです。そして、「その正しさを実証しなくては」と焦ってしまい、止まったり退いたりするタイミングを見失ってしまうことがあるからです。

スピード仕事術 08

自分やチームを最高の水準と比較し、間違いがあれば素直に認める。

第2章

アマゾンの時間マネジメント

09 amazon way

ジェフ・ベゾスが考える「時間」とは？

アマゾンの創業者であり、現在ＣＥＯを務めるジェフ・ベゾスは「時間は有限だ」という感覚を強烈に持っている人物です。

私たちは普段この感覚を、頭ではわかっていてもときおり忘れてしまいます。けれども、ベゾスはひとときも忘れることはありません。

彼がすごいのは、どんな状況であっても1日8時間の睡眠を欠かさないことです。そして、目覚まし時計の力を借りずに起き、妻や子どもたちと一緒に朝食もゆっくり摂っています。夕食後の皿洗いは、ベゾスの役割という話もあります。

つまり、1日8時間寝るという時点で、すでに彼には16時間しか残されていません。仕事以外にも、家族との時間など、優先順位の高いこともあります。つまり、彼は多くても、1日十数時間しか仕事ができないのです。

その状況の中で素晴らしい成果をあげようとすれば必然と、やらなくていい仕事やムダな仕事を省き、やるべき仕事のスピードを高めるしかないわけです。

そんなベゾスにとっては、誰かのせいで1週間も待たされるのは苦痛でしかなかったと思います。だからこそ、アメリカのシアトルでアマゾンを創業してからずっと、「1週間後に数字をまとめてみます」と言われたときに、「今日できないかな?」「1時間後にできないかな?」というリクエストを、常に口にしてきたのでしょう。その、ベゾスの抱く「時間は有限」という強い思いが、アマゾンという組織全体に浸透して、スピードを加速させていったのです。

★ベゾスは「短い目」と、「長い目」で時間を見る

「時間は有限である」という感覚から生まれたサービスの1つは、電子書籍「キンドル」です。

書店に足を運び、表紙を眺め、気になる本を手に取ってページをめくり、購入をし、家に帰ってから本を読み始める——その時間が楽しいのは事実です。ベゾスは読書家なので、

その楽しみが至福の時間であることは知っています。

ただ、人間が本を入手したい根源的な理由がやはり「情報入手」であるとするならば、その情報を一刻でも早く届けることがユーザーにとっていちばんうれしいことだろうとベゾスは考えたのです。

読みたいと感じた瞬間、その場で本が読める――9ページで語ったとおり「ジェフ・ベゾスは『瞬間物質転送装置』をつくりたいんじゃないか」という話を私たちはよくしていたのですが、電子書籍はまさに「瞬間物質転送装置」だったわけです。

つまり、ベゾスが提供したかったのは、電子書籍というサービスではないのです。「人生の限られた時間を少しでもムダにしないための何か」をベゾスは提供したかったのです。その答えの1つが電子書籍だったにすぎません。それ以外の方法が思い浮かべばベゾスは躊躇なくサービスの提供実現に向けて準備をするでしょう。また、電子書籍端末を使うよりも良い方法があれば、ベゾスは再び躊躇なくキンドル廃止の方向へ動く可能性が十分にあるのです。

このように「瞬間」を求め続ける一方で、ベゾスには「解決には時間がかかる」という感覚もあります。

さまざまなプレゼンの場で、私たち社員を前にジェフ・ベゾスが何度も語りかけてくれたのは、次のような言葉でした。


その頃、僕は彼らに誤解されてきた。だけど実際、それはイノベーティブなことをやっていたから、つまり〝将来的に花開くもの〟に投資していたからなんだ。あのとき種をまいて、きちんと水をやっていたから、今すべてが花開いている。今、こうして繁栄しているんだ。

だけど、忘れないでくれ。

あのとき、僕と当時の仲間たちが世間から誤解されるようなイノベーティブなことをやったから、今、花が咲いているということをね。

今、未来のために種をまかなかったら、この花はいつか枯れてしまうよ。

だから、今日もイノベーティブな種をまこう。未来に花を咲かすためにね。たとえ、それが今は誤解されるようなことであったとしても。


ベゾスのセリフ冒頭の「その頃」と「彼ら」は、「2000年頃」の「メディアや機関投資家」を指しています。

20世紀末の「ドットコム・バブル」崩壊のあおりをうけ、日本でアマゾンジャパンが設立される2000年頃に、米アマゾンドットコムの株価が40ドルから一気に2ドル程度まで下落したことがありました。にもかかわらずベゾスは設備投資の動きを緩めるどころか、逆に加速させました。その結果、赤字が膨らんだため、さまざまな雑誌が「アマゾンはまもなく潰れる」「アマゾンの経営手段はおかしい」と書き連ねたのです。ウォールストリートの機関投資家も辛辣《しんらつ》な評価を与えていました。

そんな辛い時期を振り返りながら、「真にイノベーティブなものをやろうとすれば誤解はつきもの。『時間』だけが解決してくれるのだ」と私たちに教えてくれました。

また、2013年に来日した際、社員集会が開かれました。その際、ある社員が、

「アマゾンの10年後はどのようになっていますか?」

と聞きました。

するとベゾスは、次のように答えました。

未来を見越すことは非常に難しいことだけど、確実に言えるのは、リテールビジネ

ス（物販を中心としたビジネス）は引き続き主要なビジネスだろうし、ＡＷＳ（Amazon Web Service=クラウドサービスを中心とするインフラ提供サービス）は今よりも大きなビジネスになっているだろうし、デジタル（電子書籍や音楽、映像のダウンロードサービス）はますます拡大し、この３つのサービスはアマゾンのビジネスの３つの大きな柱でいることは間違いないと思う。

ただ、私は10年後のアマゾンが置かれている環境のほうが、興味があるね。おそらく10年後には、我々が築き上げた『顧客中心の文化』が他の企業や産業、組織に受け入れられ、今我々が追い求めているのと同じ理念で活動をする組織が生まれてくると思う。

例えば、病院や学校などの公共機関でも、より顧客中心のサービスが当たり前のようになっていくと思う。

そのとき、アマゾンは、そのロールモデルとして、それらの組織の見本となっていなければならないと考えているよ。

アマゾンが築き上げた「顧客中心の文化」が他の企業や産業、組織に受け入れられ、今我々が追い求めているのと同じ理念で活動をする組織が生まれてくる――２０１３年に発したベゾスの〝予言〟は、まさに現実のものとなり始めています。

アマゾンでは、いたずらに日々の仕事のスピードだけを求められることはありません。「長い目」で物事を考える社風があるからこそ、アマゾンの社員たちは遠い未来を見て、自信を持って仕事ができるのです。

スピード仕事術 09

「時間は有限である」「時間が解決してくれる」という2つの視点を持つ。

10 amazon way やめてもいい作業の見分け方

私がアマゾンを離れ、経営コンサルタントとして働くようになってから痛感したのは、「基礎的な作業に時間をかけすぎている人がいかに多いか」ということです。

基礎的な作業というのは、かなり柔らかい表現を選んだつもりです。要は、「そこは力を入れるところではないのでは？」と言える部分に多大な力を割いているのです。さらに言えば、目的化しているのです。

例えば、社内資料の作成で、見栄えの良いグラフを丁寧につくるという作業。「資料を見る側のことを考える」「仕事の出来は細部に宿る」など、こだわる理由はたくさんあると思いますが、正直言ってあまり説得力を感じません。

ただ、１つの組織にいると、自分が今やっている仕事が本当に必要なものなのかが、だんだんわからなくなってくるものです。そんな人にオススメしたい方法が２つあります。

自分自身がお客様の立場になり代わって考えてみると、特に有効です。

「社内資料のグラフ作成に膨大な時間をかける社員」がいたとします。その給料が上乗せされた商品を、あなたはお客として喜んで買うでしょうか？　まあ仕方ないと納得するでしょうか？

何度もお話ししてきたように、アマゾンでは「お客様の満足度を向上させること」が唯一の目的と設定されています。その観点から言えば、その作業は「まったくのムダ」と判断されます。そして、「仕事をしている」のではなく、「仕事をしているフリをしている」という厳しい評価が下されてしまうのです。

1　迷ったときは「カスタマー・エクスペリエンス」

2　試しに一度やめてみる

延々とやってきたものの、正直あまり反応や反響を感じられないものについては特に有効です。

あるとき私は部下に、

「そのレポートメール、試しに一度送るのをやめてごらん。何の問題も起こらないはずだから」

と言ったことがあります。

アマゾンでも、プロジェクトの立ち上がり時期などは情報を共有する必要から、部下が日報を作成し、上司やチームメンバーへ送ることがあります。けれども、プロジェクトが軌道に乗って結果が安定してくると、日報までの必要がなくなり、適宜で連絡すればいいだけになります。

日報を作成するのは時間がかかります。情報共有は最低限にとどめ、他の作業に時間をかけたほうが良いのです。

ところがその部下は、メンバーに向けて延々と投稿していたのです。プロジェクトはいくつかの部署が合同で進めていきますが、特に彼が懸念していたのは、他の部署の上司の目だったようです。彼らに「何をサボっているんだ」と言われるのを気にして、いつの間にか「日報は毎日送るべき」という考えから抜け出せずにいました。

そこで、私は彼に「送るのをやめてごらん」と伝えました。その代わり、節目節目には送るように伝えました。結果、何の問題もありませんでした。毎日届くはずの日報が届かなくても、上司からは何も言われなかったのです。つまり、それほど注意して日報を読んでいるわけではないのです。

「これ必要かな？」と感じたら、密かにやめてみましょう。誰にも指摘されなければ、やめても大丈夫な仕事なのです。

もしも指摘されたら、その理由を聞いてみましょう。続ける理由が「お客様のため」以外の理由だったら、「カスタマー・エクスペリエンス」を軸に、対処を検討すれば答えが導き出せるでしょう。

スピード仕事術 10

①「お客様が喜ぶか？」を考える。②実際にやめてみる。

11 amazon way 社員の「善意」を育てるより、仕事の「仕組み」を育てる

アマゾンでは、「コンピュータに任せられる仕事は、コンピュータに任せたほうがいいに決まっている」という考え方があります。

そうすることにより、人間は人間にしかできない仕事に時間を使えます。また、次の事業を考えるという創造的な時間を持てます。また、家族と過ごしたり、趣味を楽しんだりといった余暇の時間も増えます。きわめて自然な考え方だと思います。

前項で「社内資料のグラフ作成に膨大な時間をかける社員」の話をしました。アマゾンでは、レポートの作成や、データの集計は、すべてコンピュータに任せます。データベースを作成し、そこからデータを吐き出させて成形するだけ。人間がいちいち手を動かすことはしません。「データを入力して、グラフを作成して……」といった作業は行わないのです。

こんなふうに書くと、「それはアマゾンのような巨大企業だからできる話」と思われるかもしれません。まったくの誤解です。

データベースは、エクセルソフトを使えば誰でもつくれるような簡単なもの。どの会社も「明日から導入しよう」と思えば導入できます。

アマゾンのすごいところは、「最初から仕組み化・自動化を念頭に置いている」「仕組み化・自動化できるものは徹底的に仕組み化している」ところにあるのです。

ジェフ・ベゾスの言葉の中で私が好きなものの1つに、

「Good intention doesn't work. Only mechanism works.」（「善意」は働かない。働くのは「仕組み」だ）というものがあります。

直訳すると冷たい言葉のように聞こえますが、そうではありません。「『善意』だけで、社員は働き続けられない。『仕組み』の土台があって初めて、社員の『善意』が発揮される」という意味なのです。

近年、日本では「おもてなし」が、日本らしさを象徴する言葉として注目されてきました。けれども、経営する側やマネジメントする側が安易に「おもてなしの心を発揮して……」という言葉を使うのは危険だと思っています。ほとんどの場合、

「社員が善意（＝おもてなしの心）を発揮する仕組みをつくれていない」

↓

「にもかかわらず、社員の善意に頼ろうとする」

↓

「すると、善意を発揮すればするほど職場が疲弊していく」

↓

「そして、善意を発揮してきた社員から辞めていく」

↓

「それに気づかず、経営側やマネジメント側は『もっと善意を発揮しろ』と指示する」

……という負のループが起こってしまうからです。

この負のループを思うたび、私は「ジェフ・ベゾスは誰よりも『おもてなし』の真の意味を理解していたのではないか」と感じています。継続的に提供できなければ、それはお

もてなしとは言えないのです。

★今の仕事で、仕組み化・自動化できるものは何％か？

そこで、これを機にオススメしたいのは、現在の自分の仕事の「棚卸し」です。

現在自分が行っている作業の中で、仕組み化・自動化できるものはないか、徹底的にチェックしてみるのです。

手順としては、

①　現在行っている作業（例えば1週間分）をすべて洗い出し、箇条書きにする。「月曜日／会議用資料作成、会議、日報作成、企画書作成……」「火曜日／取引先訪問、会議、日報作成……」といった具合。

②　書き出した作業を、さらにプロセス別に分解して箇条書きにする。企画書づくりであれば、「盛り込みたいデータを調べる／データや資料を準備する／タイトルを考える／書きたい内容を考える／執筆する／グラフやデータを貼り込む／上司にチェックし

てもらう」など、できるだけ具体的にする。

③ ①と②で書き出した内容のうち、コンピュータの力などを借りて仕組み化・自動化できそうなものに○をしてみる。

・作業をすべて自動化・仕組み化できるものはないか？
・作業の一部を自動化・仕組み化できるものはないか？

の2段階でチェックする。

ただし、このとき、「自分の力でできそうかどうか」はあまり考えなくて良い。「友人の会社では仕組み化・自動化している」という情報を聞いたことがあったり、「パソコンに詳しい人がいれば仕組み化・自動化できる」という情報を聞いたことがあったりすれば、それは「仕組み化・自動化が可能」ということ。

この①〜③でセルフチェックしてみると、業種・業界・職種に限らず、おそらく誰しも今の作業の20％程度は仕組み化・自動化が可能なのではないでしょうか。

その作業は残念ながら、「ムダな作業」であり、「肩代わりが可能な作業」であり、「お客様には歓迎されない作業」と言わざるを得ません。

現在はＡＩ化が進み、時代の大きな転換期と言われています。古くからのやり方に固執していると、いつの間にかそのやり方がまったく通用しなくなる時代になってしまいます。それを防ぐには、「仕事の棚卸し」という形で客観的なセルフチェックを行う必要があるのです。

スピード仕事術★11

作業のプロセスを細かく書き出し、自動化・仕組み化できるかセルフチェック。

12 amazon way 残業の正体

日本の多くの企業が今、働き方改革に伴う残業問題を抱えていることと思います。そこで、この項では残業について考えてみたいと思います。

アマゾンにはそもそも「残業は美徳」という概念がありません。それどころか、残業の常態化は大きな問題と考えます。

1日は24時間しかありません。常に残業していては、十分な睡眠時間や家族など大切な人と楽しく過ごす時間を確保できません。

また、残業の常態化は、経営やマネジメントの失敗を端的に表しています。「社員のなかで何をどこまで頑張ればいいのかがはっきりしていない」か、「社員が指示されたところまで、頑張っても終わらないのに、それを補う手立てを打てていない」かのどちらかだからです。

とはいえ、アマゾンでも繁忙期は残業をして乗り切ります。なかでも「ホリデーピーク」と呼ばれるクリスマス前後の数週間は、オペレーション部門が1年でもっとも忙しい時期。残業するメンバーを増やして、膨大な数の商品の入出荷をさばいていくのです。

★「許容できる残業」と「許容できない残業」

私個人の意見を言わせてもらえば、会社がどんなに厳しく通達しても、いきなり「残業ゼロ」にするのは無理があるように思います。ですから、残業を実践的に減らす方法を考えたほうが良さそうです。では、会社（そしてマネジメント側）は何から始めればいいのでしょうか？

まず初めに行うべきは、**「会社として残業の許容範囲を明確にすること」**です。

と、これだけ書くと、「ウチは月30時間以内と決めている」とおっしゃる会社もあると思います。実は、許容範囲の設定は「月○時間以内」だけでは足りません。例えば、もう1つ「週に×回以内」などの条件を加えてみるのです。これは残業の常態化を防ぐのが目的です。

「残業するのが当たり前」という感覚に陥っていると、どんなに頑張っても残業は減らないのです。会社にとっていちばん避けたいのは、「残業すること」よりも「残業が常態化すること」なのです。

そのうえで行うべきは、**「社員全員の残業時間を日別にグラフ化してみること」**です。棒グラフでも折れ線グラフでもかまいません。毎日の残業時間を「見える化」してみましょう。

すると、「月○時間」という表現だけではわからなかった、残業の〝正体〟が見えてきます。

1週間のなかでも特に忙しいことがわかっている月曜日と金曜日の2日間はいつも3時間ほど残業。結果として月30時間の残業となっていたAさん。

月曜日から金曜日まで毎日1・5時間ずつ残業し、結果として月30時間の残業となっていたBさん。

どちらが、残業が常態化していると言えるでしょうか？

Bさんのほうですね。

こうして毎日の残業を「見える化」することで、それまでは同じように処理されてきたAさんとBさんの違いが明らかになるのです。

最後に行うべきは、**「残業が〝異常値〟を示したら知らせてくれる仕組みをつくること」**です。

例えば、「月○時間以内、月×回以内」という許容範囲を設定したのに、それを超えた人がいた場合、超えた人のグラフの色が赤くなるといった設定にすればいいのです。一見難しく感じるかもしれませんが、エクセルレベルで簡単につくれます。

★「同じ残業」とひとくくりにすると、不公平感が生まれる

AさんとBさんの比較は、あくまでもわかりやすい一例にすぎませんが、要はどの会社にも「許容できる残業」と「許容できない残業」があるということです。そして、そのボーダーラインは、実は会社によってそれぞれ違うのではないかと思います。にもかかわらず、「許容できる残業」と「許容できない残業」の違いが社内で明確化されていません。その結果、「同じ残業」としてひとくくりにされていて、社員の間に不公平感が生まれてしま

います。

残業手当が手厚く、それにつられて社員が残業を増やしているような場合は、手当の支給自体を見直す必要もありますが、そうでない場合は「許容範囲の明確化→グラフ化→異常値発見の仕組み化」を現場レベルで行うことで、残業はわかりやすく減っていくでしょう。

スピード仕事術★12

「許容範囲の明確化→グラフ化→異常値発見の仕組み化」を行う。

13 amazon way

業務管理の基本単位は「週」

アマゾンでは、PDCAサイクルの基本を「週単位」で考えています。1週間というのは、物事を進めるうえでちょうど良い長さだと考えているからです。

アマゾンジャパンのメトリックスの重要な指標（全体売上、カテゴリー別の売上、コストなど）は、シアトルのアマゾン本社に毎週報告しています。

また、入出荷数やSQCD（安全、クオリティ、コスト、デリバリー）など、オペレーションの中の特に重要な指標に関しては、ジャパンのオペレーション部門からシアトルのオペレーション部門トップに2週間に一度、電話会議で直接説明をします。

このような報告の場で、目標値と現状値を比較し、次の期間で打つべき改善案を検討し、実際の行動に移っていきます。

ですが、多くの企業は、PDCAサイクルの基本を「月単位」で考えているようです。

私がアマゾンを離れ、多くの企業のコンサルティングに関わるようになってから声を大にして訴えてきた1つが**「1ヵ月ごとの振り返りでは遅すぎる」**ということです。1ヵ月というのは、あまりにも長すぎるのです。

週単位で目標と結果を照らし合わせていけば、たとえ両者にギャップが生じていても、原因の究明がしやすく、早めに有効な対策が打てます。その結果、何とか遅れは取り戻すことができます。たとえるならば、小さな車輪で進んでいるので、少しコースを逸れてもすぐに修正できるのです。

ところが、1ヵ月という長い時間が経ってしまえば、目標と結果に大きなギャップが生じている可能性、そして遅れを取り戻せない危険性が高まります。しかも、時間が経っているため、なぜそうなったのかわからず、有効な対策が見出しにくくなるのです。たとえるならば、大きな車輪をよいしょ、よいしょと回して進み、どこでどう逸れたかもわからず、気がついたら大きくコースを外れてしまっていた……という感じです。

にもかかわらず、月次報告などの形で1ヵ月ごとにPDCAを回している会社は、まるで自分たちの会社のことを「自分たちは小さくPDCAを回している」「他社は四半期に1回程度の振り返りしかしていないはずだ」などと勘違いしています。これは大きな間違いです。

もしも現在「週単位」でＰＤＣＡを回していないならば、すぐに「週単位」に切り替えてみてください。たとえ会社全体では「月単位」「四半期単位」で振り返りを行っている場合も、「せめて自分たちのチームだけでも週単位でＰＤＣＡを回そう」と決め、実行すればいいだけです。

毎月の販売目標数が決まっているならば、それを週に割り振ります。そして、週末ないしは翌週明けに、目標数と現状を照らし合わせるだけ。それだけで目標達成率は大きく高まります。

余談ですが、「小さくＰＤＣＡを回したほうが良いのならば、週単位ではなく１日単位のほうがさらに良いのでは？」という質問をいただくことがあります。業界・業種などによっても変わりますが、アマゾンのようなリテール（小売り）業界などでは、１日単位だと短すぎて、流れや傾向が見えづらくなるということがあります。例えば、「今日は出荷が少なかったな」という数字だけを見ても、その要因が「天気によるもの」だったのか、「曜日によるもの」だったのか、「国民行事によるもの」だったのか……などが特定しにくいのです。その点、1週間という単位で数字を見ると、好不調の要因がある程度特定でき、対策も考えやすいのです。

★「10日区切り」の考え方に、果たして意味はあるのか？

また、「上旬、中旬、下旬」や「月初、月中、月末」のような10日区切りの考え方が根づいている企業も数多くあります。よく「6月中旬までの納期とさせていただく」などという形で使われています。

私は日本の食文化に非常に興味を持っていますが、「旬」という言葉はそもそも「走り、旬、名残」という形で使われてきました。日本人はある期間を3つに分けるのが好きで、その感覚が今も残っているのではないかと推察しています。

その感覚は感覚として措《お》いておくとして、1ヵ月を3つに分けるという考え方が、現在の日本人の経済行動に即しているのかと言えば、答えは「NO」です。

日本人の多くは、月曜日から金曜日まで会社に行き、土日で余暇を楽しんでいます。前週と今週と翌週の結果の違いを比較する意味も感じられます。つまり、経済行動の大きな枠は「週単位」にあるのです。
ところが、「10日単位」だと、上旬の10日は日曜日から翌火曜日まで、中旬の10日は水曜日から翌金曜日まで、下旬の10日は土曜日から翌月曜日までとなります。上旬と中旬と下旬の結果の違いを比較する意味がそもそもあまり感じられません。また、下旬が8日の月もあれば11日の月もあって、比較する際の単位としてはふさわしくないように思います。

ちなみに、アメリカをはじめとする欧米では、「1年間＝52週」という考え方がもともと根づいていて、「3月の第1週」という捉え方ではなく、「第11週」のように52までの通し番号で呼んでいます。
アマゾンのオペレーション部門がもっとも忙しいのは、クリスマス直前の2週間なのですが、私もよく「さあ、ウイーク50とウイーク51に向けてみんなで頑張ろう」といった表現で部下たちを鼓舞していました。

意味もなくアメリカやヨーロッパの考え方を取り入れる必要などまったくありません

が、「週単位」でPDCAを回すという考え方は、さまざまなメリットをもたらすように思います。

これを機会にぜひ、今までの〝当たり前〟を疑ってみてください。

スピード仕事術★13

これまでのサイクルを疑え。「週単位」で小さなPDCAを回せば、結果が出る。

14 amazon way

「時間」を手に入れるための投資は惜しまない

アマゾンのOLP（リーダーシップ理念）の第10条に「**Frugality**」という言葉があります。アマゾンジャパンのHPに付記されている解説文には、

私たちはより少ないリソースでより多くのことを実現します。倹約の精神は創意工夫、自立心、発明を育む源になります。スタッフの人数、予算、固定費は多ければよいというものではありません。

とあります。

「**Frugality**」という言葉は、21ページの日本語訳では「質素倹約」となっていますが、実際のニュアンスはかなり違います。ジェフ・ベゾスはよく私たちに、「正しいことにお

金を使いなさい」という話をしていました。

対して、日本型企業の場合、敢えて強い言葉を使うならば「ケチ」「出し惜しみ」のような お金の使い方をしている企業が多いように感じてしまいます。

その象徴的な例が、パソコンです。

「会議が多い会社なのに、デスクトップしか支給されていないんです」

「正社員は1人1台なのですが、契約社員は共用パソコンです」

「いまだに、何年も前の1kg超え（笑）くらいの重さのノートを使っています」

「よくフリーズするんですよね……。1日平均10分くらいは固まります」

ビジネスパーソンにパソコン事情を聞くと、そんな話がいくらでも聞こえてきます。

答えは1つ。会社はすぐにパソコンを買い換えるべきです。

あるいはビジネスパーソンの皆さんの方から必要な手順を踏み、会社と交渉してすぐにパソコンを買い換えてもらうべきです。

実際、アマゾンでは、非常によくパソコンを交換していました。私も15年間の在籍中に少なくとも7回、およそ2年に一度は交換してもらっています。

パソコンの交換の費用対効果は高いことが明らかで、かつすぐに実践できることなので、「パソコンの読み込みが遅くて砂時計の表示がすぐに出る」といった悩みを抱えている人は交換をぜひ検討してみてください。

では、その際、どんな手順を踏むべきでしょうか。

まずは、**「パソコンを買い換えることで生産性が上がる」ということを数字で証明する**必要があります。「1日15分フリーズするパソコンを使っている場合」で考えてみましょう。

① 仮に自分自身の時給を2000円と仮定するならば、毎日500円のロスが出ています。これを1年250日で積み上げれば、「500円×250日=12万5000円」となります。

② さらに、最新のパソコンを導入することで現状よりも処理速度が10%上がったとします。単純計算で「時給2000円×1日8時間×250日×0・1=40万円」の生産性アップが期待できます。

つまり、①と②を合計した「52万5000円」の生産性アップが見込まれます。

次に、**パソコンの市場価格**を調べます。必要十分な機能を備えたパソコンが10万円だったとします。

最後に、**「期待される生産性」から「パソコンの金額」を差し引いてみましょう。**すると、結果は「42万5000円」になります。

「古くて使いにくいので、いい加減パソコンを買い換えてほしい」と交渉するのではなく「パソコンを買い換えるだけで42万5000円も生産性が上がるので、買い換えてほしい」と交渉したほうが、成立する可能性は高いのではないでしょうか。

なお、交渉材料となる数字をつくる際、重要なポイントが1つあります。それは、「1年という期間で考えること」です。期間がはっきりしていないと、提案される側もピンときません。建設物などの大きなものは例外ですが、会社で日常使いする備品などは「たった1年で、元がとれるどころか大きな利益を会社にもたらす」という数字をつくって提案をしたほうが通りやすいと思います。

★10億の事業をたった2日で決裁!!

アマゾンでは「費用対効果がはっきりしているならば、すぐにでも投資しよう」という姿勢が徹底されています。

私は、オペレーション部門にいたとき、投資額5000万ほどの倉庫（FC）に関わるプロジェクトを至急、通したいと思ったことがあります。

ちょうど会議に出席するためにシアトルに行っていたタイミングだったので、当時の上司であるジェフ・ハヤシダ氏に「決裁者であるシニア・ヴァイス・プレジデントに直接話をしてもいいですか?」と聞いたところ、「OK」の返事をもらいました。

私はシアトルで見かけたシニア・ヴァイス・プレジデントに駆け寄り、「今、日本でこのようなプロジェクトをやろうとしていて、どうしても通したい」という話をしました。

彼の「いくらかかるの?」という質問に対して「5000万円ぐらいです」と答えると、このように質問をされました。

「マサ（私はそう呼ばれていました）、なぜそれが本当に必要だと思うのか?」

私は数字を挙げながら、必要性を述べました。すると、彼はその場で「OK、いいよ」

と答え、即日承認の手続きを進めてくれたのです。

このような決裁エピソードは、アマゾンではよくあります。過去には10億円規模のアイデアがわずか2日間で決裁されたこともありました。それは、お客様の満足度を下げずに配送料を下げられる画期的なアイデアでした。導入には10億円ほど必要だったのですが、ファイナンス部門とオペレーション部門が協力して一気に決裁し、すぐに主要なFCで導入されたのです。

日本のさまざまな企業のマネジメント職の方とお話をすると、まず本人の「決裁権限が低い」と感じます。部長クラスでも、自分ひとりでGOを出せる金額は50万円、100万円などと聞くこともあるので、もっと権限が与えられても良いのではないかと思います。もちろんそこには「費用対効果がしっかり見込まれる内容であれば」という注釈がつくべきだと思いますが。

さらに思うのは、「小さな決裁権限」ですら、実際には行使していない人が多いということです。「50万円の権限があるからといって、むやみに使うのはいかがなものか」と二の足を踏んでしまう。これは非常にもったいないと思います。

自分のチームのパソコンの買い換えなどは、権限の範囲内で行うのに最適な決裁の1つです。その他にも、IT関係の充実、デスク環境の整備など、生産性を高められる投資はいろいろ考えられそうです。

「正しいことにお金を投資する」という感覚を常に持ち、生産性をさらに高め、24時間しかない1日を有効に使いましょう。

スピード仕事術14

倹約だけでは何も変わらない。「正しいことにお金を使う」ことで大きな利益が生まれる。

15 amazon way

お客様が「時間」を選択して、アマゾンの効率と売上を確保する

アマゾンで、「カスタマー」とともに非常に大事にされている言葉について触れておきます。それは**「セレクション」**という言葉です。全世界の社員に浸透する「グローバル・ミッション」の中で取り上げられている2つが、「カスタマー・エクスペリエンス」と「セレクション」であることからも明らかです。

「セレクション」という言葉を聞くと、「品揃え」を思い浮かべる人が多いと思います。それはまさに正解で、アマゾンでは「オンラインで手に入るあらゆる商品を取り扱う」ことを当然の目標としてアマゾンサイトを運営しています。

現在取り扱いのない商品であっても販売元と交渉し、将来的には取り扱うことを常に目指しています。

取り扱いのなかった商品群に対しても同様です。2000年の立ち上げ当初は書籍だけ

アマゾンのビジネスモデル

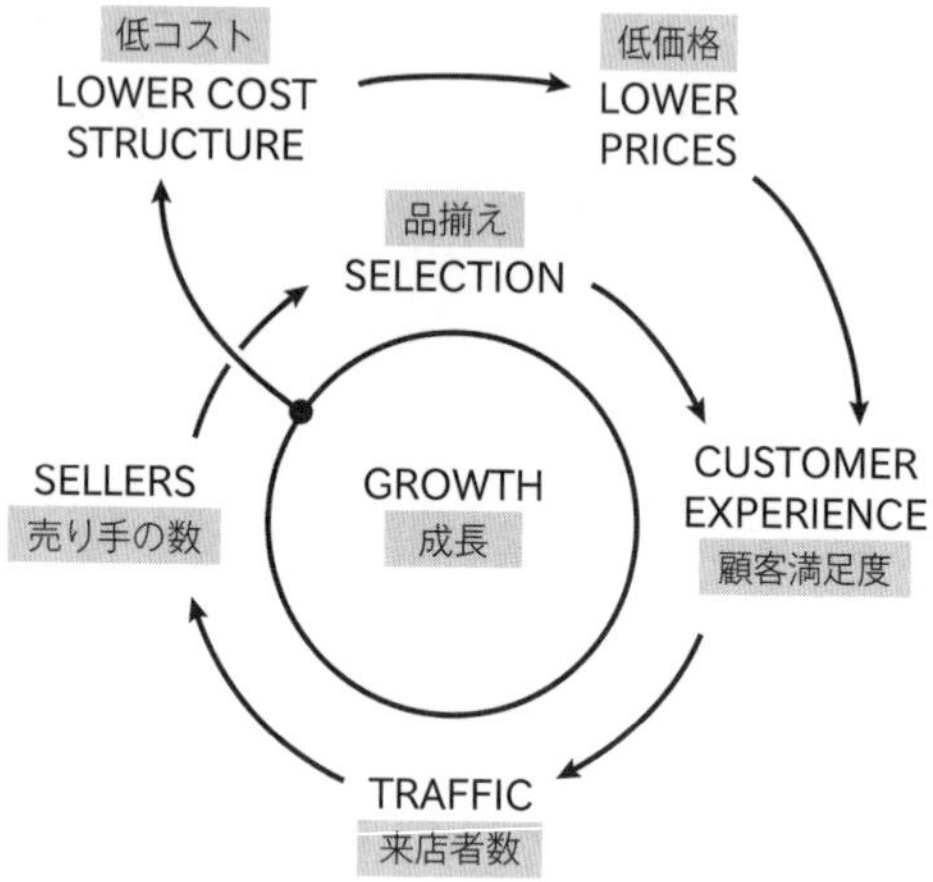

引用：Amazon.co.jp

を扱っていた「Amazon.co.jp」のサイトですが、2001年にCD／DVD、2003年にゲーム／おもちゃ、2005年に家電、2007年にホームやキッチン、2009年に消費財や食品……と商品群を増やしてきました。

2014年には「Amazon FB Japan」を設立してお酒の取り扱いを開始し、2017年には生鮮食品を取り扱う「Amazon フレッシュ」のサービスを開始するなど、保管や配送の難易度が高い商品群も次々と手がけています。

では、なぜこれほどまでにアマゾンは、商品のセレクションにこだわるのでしょうか？

そこには、ジェフ・ベゾスによる、素晴らしい人間心理の洞察があります。

「Because anyone living in this world likes more selection rather than less selection!」（だって世界中どの国の人も選択肢が少ないより多いほうが好きでしょう）

と彼は言うのです。

欲しくて探し回ったのに、どこにもなかった。そんな商品がアマゾンにはあった――。この体験をすれば世界の誰もが感動するよね、というわけです。だからこそアマゾンは「地球上でもっとも豊富な品揃え」をキャッチフレーズに、世界中でショッピングサイトを運営しているのです。

投資家に向けてジェフ・ベゾスが示したビジネスモデルの説明図があります（右図参照）。

このビジネスモデルがアマゾンの持続的な成長を支えているわけですが、この図を見ればセレクションがいかに重要な位置を占めているかがわかっていただけると思います。

★「セレクション」は、品揃えだけではない

ただ、「セレクション＝品揃え」という狭い捉え方を、アマゾンではしていません。

支払い方法が、クレジットカード、代金引換、コンビニ払い、ATM払い、ネットバンキング、電子マネー払い、携帯決済、Amazonポイント・Amazonギフト券といった中から選べる。これも「セレクション＝選択肢」の1つです。

また、アマゾンでは「Single Detail Page」（シングルディテールページ）という方式を採用しています。同じ商品を扱う販売者は、すべて〝1つのページ〟にまとめて掲載（実際はお客様にとってもっとも素晴らしい価格や納期で販売する業者がトップページ、それ以外の業者が1階層下のページ）されています。アマゾンもその他の販売業者も（しかも、新品取り扱い業者も、中古取り扱い業者も）すべて〝1つのページ〟に集約されているのです。これも「セレクション＝選択肢」の1つと言えます。

そして、お客様にお届けできる時間が、翌日から当日へ、当日内から最短1時間へ……とどんどん短くなっていることも、2つの意味で「セレクション＝選択肢」を増やしています。

1つは、お客様にとっての「配送日時の選択肢」の増加です。「注文から最短1時間でお届けできます」という仕組みを構築できると、それまで「当日か？　翌日か？　あるいはそれ以降か？」という選択肢の中に「2時間後か？」という選択肢が加わります。お客様にとっては自由度が広がり、アマゾンに対する満足度はアップします。

もう1つ、これは見えにくい部分ですが、配送時間の短縮によって、実はお客様が「買わないという選択」もしやすくなるのです。

オンライン物販の黎明期には、注文からお届けまで2週間かかっていました。その頃に、「8月1日にバーベキューをしたいな」と思ったら、2週間前の7月15日頃までにはバーベキューの用具を注文しなければなりませんでした。ところが、残念なことに8月1日が豪雨となり、バーベキューは中止に。せっかく揃えたバーベキュー用具がムダになってしまいました。

ところが、「翌日届きます」「当日届きます」「最短1時間で届きます」という今ならば、「ぎりぎりまで買わない」という選択が可能です。週末の天気予報を見て「雨が降るかどうかわからないな」と思えば、ぎりぎりまで悩めます。そして、「雨が降る」とわかれば開催を中止し、最終的に買わないという選択ができるわけです。

配送時間の短縮により「買わない」という選択が増えるということは、当然アマゾンでもわかっています。けれども、それはお客様の満足度を劇的に上げることにつながると理解しているのです。と同時に、それ以上に「買う」という選択が増えることも理解しています。「夕方は雪になるらしいから午前中に除雪用の道具を注文しておこう」という選択ができるのは、配送時間の短縮がもたらす結果と言えます。

スピード仕事術 15

「時間の短縮」により、社内の生産性だけでなく、お客様の選択肢が生み出せる。

第3章

アマゾンは
すべてを数値化する

16 amazon way

数値はすべてを雄弁に語る

アマゾンでは、「数値は絶対」と考えます。

良いのか、悪いのか？　遅れているのか、進んでいるのか——。今、自分たちにとってあるべき姿になっているのかどうかを言語情報だけで特定するのは非常に難しく、また時間がかかってしまいます。瞬時に物事を判断して、スピード感を持って次へのアクションをとっていかなくてはならない環境の中で、数値以外のものに頼っていると、どうしても時間がかかりすぎてしまうのです。スピードを上げるための手がかりは、数値以外に頼れないわけです。

第1章で「メトリックス」の話をしました（33ページ参照）が、アマゾンジャパンでは私が入社した2000年の時点ですでにメトリックスが整っている状態でした。おそらくアマゾン本社でも、1995年の創業時からメトリックスないしそれに代わる数値は存在していたはずです。

★アマゾンはメトリックスのどこを見ているのか？

では、アマゾンではどのような数値を見ているのでしょうか？

部門ごとで異なりますが、私がもっとも長く在籍したオペレーション部門では「安全」「品質」「生産性」、この3つの数値だけを見ています。「数値を見る」という言葉から想像すると、どんなことでも数値化してチェックしているように誤解されますが、「自分たちの仕事にとってカギとなる重要指標は何か？」をまず考え、その数値だけをチェックしているのです。

まず、「安全」について。日本で労災認定されるような、医者の処置を受けなければならない重傷事故のことを、アマゾンでは「レコーダブル・インシデント」と呼んでいます。その基準は、ＯＨＳＡＳ（Occupational Health and Safety Assessment Series）という、国際コンソーシアムによって策定された労働安全衛生に対するリスクと対策の一覧化および責任所在の明確化などを目的とする規格に基づいて作成されています。レコーダブルインシデントがどのくらいの頻度で起きているかを数値化し、常にチェックを行っています。

これに対して、きず薬を塗って終わりという程度の軽いケガもあります。これを「ファーストエイド」と呼びます。これらも数値化し、常にチェックしています。

人間が仕事をする限り、さすがに「ケガをゼロにする」というのは不可能ですが、ある一定の基準を超えたらすぐに対策を打つ必要があります。〝異常値〟に達していないか、目を光らせておくのです。

次に、「品質」について。オペレーション部門では、「出荷に関わる品質」と「在庫に関わる品質」の2つに分けて考えます。

「出荷に関わる品質」については、出荷した商品に何か問題がなかったかを分類して把握しています。ひとくちに問題と言っても、「注文とは違う商品を送ってしまった」「商品が入っていなかった」「商品が壊れていた」などさまざまな種類があり、打つべき対策も違ってくるからです。それらをしっかり数値化し、問題の発生状況をチェックしているのです。

「在庫に関わる品質」については、「Amazon.co.jp」のサイト上でも常に在庫表示がされていますが、在庫がなくなったり、在庫が僅少にならないよう、常に適正量でコントロールされているかをチェックしています。

最後に、「生産性」について。入出荷量がオペレーション部門の生産性のカギを握る数字なので、ここではシンプルに「単位時間あたりにどれだけの量を出荷できたか？」あるいは「どれだけの量の入荷ができたか？」を見ています。

★会社の健康状態も数値化する

「会社＝人間の体」、そして「メトリックス（数値）＝心電図や脳波計や血圧計で知る数字」と考えると非常にわかりやすいと思いますが、会社の健康状態を把握するには、重要な数値を計測し、見ておく必要があります。そして、もしも健康状態が悪化したら、すぐに「危ないですよ」と知らせてくれる仕組みが必要なのです。

たとえが少し生々しくなりますが、緊急オペ室の光景を思い浮かべてほしいのです。患者さんの体力が落ちてくれば心電図の波形が弱くなり、心拍数が一定以下に下がると、アラート音が鳴りますよね。このように数値で「見える化」されていて、変化にすぐに気づけるからこそ、医者は必要な手をすぐに打てるわけです。

実際アマゾンには、メトリックスの数値を見ることは「会社のフィットネス（健康）を見ること」という認識がありました。高速で動く状況の中で、重要な数値の細かい変化をしっかり読み取っておかないと、手遅れになってしまうこともあり得るのです。

スピード仕事術16

「自分たちの仕事で重要なカギを握る数値は何か？」「それを把握するための仕組みはあるか？」を問う。

17 amazon way

異常値を知るための仕組みをつくる

前項でも触れましたが、数値は会社の〝健康状態〟を把握するために必要です。

そのためにはまず、

「どんな状態が異常であるか？」

を定義しなくてはなりません。そして、

「異常な状態になったとき、すぐに気づける仕組み」

を構築しなくてはなりません。

アマゾンのシステム部門を例にとると、アマゾンサイトのサーバーの反応速度や、処理速度が一定の数値以下になったりすると、システム部門のメンバーのパソコンに、即座に警告メールが自動的に届く……といった仕組みが構築されています。

また、私が長く在籍したオペレーション部門で思い出すのは、倉庫（ＦＣ）内の温度と湿度の管理です。倉庫のさまざまなところに温度計と湿度計がついています。「ヒートインデックス」を見るためです。

ヒートインデックスとは、温度と湿度を掛け合わせて出す指標のこと。「これ以上の数値になると熱中症の危険が増す」といったことがわかります。ＦＣの中のある箇所が異常値を示すと、関係者に警告メールが自動配信されてきます。すぐに作業を中断させ、従業員を休ませる必要があるからです。

★職場の室温も、シアトルで一元管理する徹底ぶり

アマゾンは、こういった管理に対して徹底的に仕組みづくりをします。ヒートインデックスの管理は、各国の各ＦＣに任せるのではなく、シアトルの本社ですべて一元管理していました。その情報を、アマゾンジャパンでもまったく同じようにパソコンのモニターで閲覧することができたのです。アメリカやドイツ、イタリアにあるアマゾンのＦＣでヒートインデックスが異常を示しそうなことも、日本の小田原のＦＣでヒートインデックスが異常を示しそうなことも、私たちは即座にわかったのです。

アメリカやドイツ、イタリアのFCの作業中断は基本的に影響がありませんが、日本国内の1つのFCで作業中断すれば、他のFCがそのFCの入出荷作業を肩代わりする必要があるかもしれません。

事前にわかっていれば、従業員たちに「今日は入出荷作業が増える可能性がある」と知らせ、準備することができます。

例えば、午前中の入出荷目標値を少し高めに設定し直し、その目標値で何時間か作業を続け、1日の目標を前倒しにする……といったことが可能です。

迅速で適切な対処を行うためには、主要関係者で、数値として情報共有しておくことが重要なのです。

スピード仕事術★17

異常値にすぐに気づける仕組みが大切。異常が起こったらすぐに必要メンバーで情報共有する。

18
amazon way

数字で共有しなければムダはなくならない

「私たちはどんな数字を達成するのか？」

「私たちはどんな数字を示したとき、どんな対処をするのか？」

こういったことを具体的に数値化し、共有しておくことで、すべての人間がリアルタイムでの状況判断ができるようになります。


オペレーション部門の倉庫（ＦＣ）での数字を例に挙げれば、この1時間で出荷したい目標数は明確に決まっています。

そのことにより、２つの「ムダな時間」が省かれています。


まず省かれるのは、**部下が上司に判断を仰ぐという「ムダな時間」**です。

オペレーション部門にとって、入出荷数の目標を常に達成することは、大切なお客様の満足度を損ねないことであり、結果としてアマゾンとしての売上を伸ばすことにつながっています。この1時間の達成率が95％で、残りの作業時間が5時間だとすれば、現場の人間が自ら「少なくとも毎時間１０１％で入出荷作業をして、５％のロスを取り戻そう」と考え、自律的に動きます。目指すゴールと現状が数字でわかる仕組みをつくっておけば、いちいち上の人間に「この後どうしますか？」と聞くことがなくなるのです。

もう１つ省かれるのは、**上司が部下に指導や指示をする「ムダな時間」**です。

上の人間だけが現状を把握していると、「出荷量が少し落ちているので、もっと上げてください」などといちいち指示をしなければなりません。けれども、数字を全員で共有しておけば、マネージャーがチェックするのは「その数字をみんながしっかり見ているかどうか？」だけになります。

細かい数字に対していちいち口出しする必要がなくなるので、それまで指導や指示にかけていた時間を他の作業に使え、またマネジメント上のストレスも劇的に減ります。

★2つのポイントで、正確な情報共有ができる

数字を共有するうえで大事なのは、次の2つだと思っています。

1 見落とし、見逃しができないほど、わかりやすく示す

「そうだったんですか、知らなかったです」「その数字はちょっと目に入らなかったです」と言われてしまっては意味がありません。

アマゾンの倉庫では、現場の人間の目に飛び込んでくるところにホワイトボードを設置し、手書きで大きく「95％」などと書いていましたが、イヤでも目に飛び込んでくるくらいのわかりやすさが必要です。

また、「ひと手間かけないと見られない」という仕組みだと機能しません。例えば、メールで随時目標数値を送っていたとしても、そのメールを開くというひと手間が必要となります。メールを開くのが完全に習慣化されている場合は良いのですが、開いたり開かなかったり……という人がいるのであれば、このやり方は避けたほうが無難でしょう。

2 数字を共有するタイミングや頻度が適切であること

倉庫での入出荷作業を例に挙げれば、1日の作業がほぼ終わる時間になって「今日は目標の80％しか達成していない」と言われても、何の対策も打てません。「ふーん、そうなんだ」と思うことしかできません。単に現状を知るための数字になってしまい、最終目標を達成するための数字ではなくなってしまいます。

仕事の内容によって異なると思いますが、「いつ、そして何回くらい伝えれば、目標未達を防げるか？」を考慮しながら最適なタイミングや頻度を考えてみてください。

スピード仕事術★18

明確な数値を共有して、「上司が部下へ指示」「部下が上司へ確認」のムダを激減させる。

19 amazon way

どんな企業も数値は持っている

アマゾンのメトリックスのように「重要な数字がひとめでわかる仕組み」までは整っていないかもしれませんが、どの企業もさまざまな数値は持っています。売上高、利益率、販売原価……そういった数値がなければ、そもそも財務諸表がつくれないからです。

ただ、それらの数値について、

「何のために見るのか？」

「特にどの数値を重要視するのか？」

「どう見るのか？」

「どんなタイミングで見るのか？」

といったことを明確化しているかどうかで、数値の意味は大きく変わってくると思います。

一期1年という期間で考えるならば、大事なのは、「設定した1年間の目標を達成するために、現状どこまで進んでいなければならないか？」を、適宜チェックし、現状を共有しておくことなのです。

★「昨対」の使い方には要注意！

ところが残念ながら、数値を誤って使っている企業がたくさんあります。私がコンサルティングに入って特に感じるのは「昨対」（昨年対比、昨年同月対比などこれまでの実績と比較すること）の誤用です。

来期の目標を立てる際には、「昨対」は必要です。わかりやすく数字を使って、「今期の売上が10億円、経常利益が1億円」だったとします。そこで、「来期は売上、経常利益とも、対比20％アップを目標にしよう」と決め、「来期の目標を売上が12億円、経常利益が1・2億円」と設定する――これは「昨対」のきわめて正しい使い方です。

次に行われるのは当然、「来期各月の売上目標と利益目標の決定」です。「4月は売上目標○億円、利益目標×千万円、5月は売上目標△億円、利益目標□千万円……」というように、12ヵ月に振り分ける作業をします。この配分を決める際にも、前年の同月、あるいは前々年の同月のデータとの比較は必要です。「ゴールデンウイークのある5月は例年伸びるけれど、梅雨に入る6月は例年落ち込む」など、配分に過去の傾向を盛り込んだほうが良いからです。

次に当然行われるべきは、「各月各週の売上目標と利益目標の決定」です。これも「昨対」を参考にしながら、同様に行います。

けれども、「昨対」が必要なのは、ここまでです。ここから先、1年間の経営活動を行ううえで、「昨対」という言葉が使われる必要はまったくありません。

なぜなら、もう「来年の目標」を決めてしまったからです。

その「目標」に対しての達成率だけを見ていればいいからです。

ところが不思議なことに、すでに役割を終えたはずの「昨対」はその後も頻繁に顔を出します。

「今月の営業報告会議を始めよう」

「えー、今月は、長雨の影響もあり、昨対95％とやや落ち込みましたが……」

といった具合です。そして資料のいたるところに「昨対」が登場します。

なぜでしょうか？

それは「設定した目標を達成すること」が真の目標なのではなく、「昨年を上回ること、昨年と同等なこと、上回らずとも昨年に限りなく近いこと」が暗黙の目標になってしまっているということ、そういう空気が、会社全体にあるということです。

数字を管理する側のマネージャーは、

「(設定された目標は措いておくとして) 長雨だったにもかかわらず昨対95％なら健闘したほうじゃないか」

と思っています。

そして営業の現場担当者は、

「(設定された目標は措いておくとして) 長雨なのに昨対95％は良い数字ですよね？」

と思っています。

敢えて強い言葉で言わせてもらえば、「昨対」がさまざまな言い訳材料として使われているのです。

売上目標や利益目標が存在しない会社は、ほぼほぼ世の中に存在しません。
けれども実際は、実はあまり重要視されていない、お飾りの存在になっている場合が多いのです。

スピード仕事術 19

目標を決めたら、昨対に捉われずに達成に注力する。

20 amazon way
目標数値と現状数値を明確にする

私は、業種・業界を問わず、すべてのビジネスは「$y=f(x)$」の関数に置き換えられると考えます。

yは、「売上」など経営活動において上位にある数字です。

そしてxは、上位にある数字を左右する要素を指しています。

yを仮に「売上」とした場合、xにはどんなものがあるでしょうか？　顧客数、商品単価、仕入れコスト、人件費、設備費、広告費……など、実にさまざまな要素がありますが、すべてが「y＝売上」を左右する存在なのです。

yとxの関係は、会社全体と各部署の関係にも置き換えられます。どんな部署であれ、その活動は「yを達成するため」に行われるべきです。そして、「自分たちはどんなxを達成すればいいのか?」を考えながら行われるべきなのです。

ところが、さまざまな企業のコンサルティングをさせていただくようになって感じるのは、非常にシンプルな「$y=f(x)$」の関数が出来上がっていない企業が多いということです。例えば、「y=売上」だけが決まっていて、「x=売上を左右する要素」が決まっていない企業。「目指せ、売上10億!」などという数字が上からバンと掲げられ、誰がどの期間にどのような数字をあげるとそれが達成できるのか、具体的なことは何も決められていない企業です。

あるいは、誰がどの期間にどのような数字をあげるとそれが達成できるのか、「x=売上を左右する要素」まではある程度決まっているものの、決めただけで検証していない企業です。これが、非常に惜しいのです。綿密な計画を立てたのに、計画で立てた数字と実際の数字を付け合わせすることなく進めてしまうのです。いわば、PDCAのPとDだけを行っていて、CとAがおざなりになっています。決して、PDCAサイクルが回っているとは言えない状態なのです。

★いつまでにどこまで頑張ればいいのか？

どの役職やポジションにいるかは関係なく、すべての社員が行わなければならないこと。それは、

「『目標数値』と『現状数値』を把握し、常に比較すること」

です。

もしも自分が把握や比較できない状態にあるなら、次のような点を参考にして、何が課題なのかを考えてみてください。

・目標について……目標が決まっていないのか？　決まってはいるが、その目標を知らされていないのか？　目標が数値化されていないのか？　目標が大ざっぱ（月別・週別などに細かく落とし込まれていない、個人レベルにまで小さく落とし込まれていない）だから把握しにくいのか？

・現状について……現状を数値で測定する方法はあるか？　現状を数値で測定しているのに、知らされていないのか？　目標が大ざっぱなので現状把握が遅れるのか？

目標と現状、この2つを比較できないということは、いつまでにどこまで頑張ればいいのかわからないということです。

そのままでは、仕事に対するモチベーションを保つことも難しくなり、自分自身の人生を主体的にコントロールすることも難しくなってしまうのです。

ですから、まずは「何が課題か？」を特定することから始めてみてください。

スピード仕事術★20

「目標数値」と「現状数値」の把握と比較は、働く人すべての義務である。

21 amazon way まちの書店の場合

小売り業の場合、売上は**「平均単価×顧客数×購買頻度」**で算出できます。数字を把握しやすいよう、今回は仮に毎月100万円の売上を目標値に設定します。では、具体的にどのような行動をとって売上を達成していくのか？　あるまちで書店を開店する場合を例に「私ならこう考え、こう行動するだろう」という流れを簡単に説明します。

①書籍の平均単価を算出する

まずは、「書籍の平均単価はおおよそいくらなのだろう？」と考えます。ここでは、非常にざっくりとした計算でかまわないので出してしまいます。単行本なら1500円、雑誌なら800円、コミックスは500円程度だとして、このまちでは比較的単行本の売上が高そうだから……」などと仮説を立て、書籍の平均単価を「1000円」と算出したとします。

②１日平均何冊売らないといけないかを算出する

毎月１００万円の売上を立てるには、平均単価１０００円の書籍を毎月１０００冊売る必要があります。ということは、毎日少なくとも33冊売る必要があります。

③１時間あたり何冊売らないといけないかを算出する

１日の営業時間が８時間だとします。その間に33冊の本を売るには、１時間あたり４冊以上（４×８＝32冊）を売る必要があります。

④入店したお客様の何％が買ってくれるかを仮決めする

「入店したお客様の20％が、実際に本を1冊買ってくれる」と仮定します。４人のお客様に書籍を買ってもらうためには、20人以上のお客様に入店してもらう必要があります。

⑤店の前を通ったお客様の何％が入店してくれるかを仮決めする

「店の前を通ったお客様の10％が、お店に入ってきてくれる」と仮定します。20人のお客様に入店してもらうためには、２００人以上の人に店の前を通過してもらう必要があります。

⑥数字どおりにいかないことをあらかじめ見越して、対策を打つ

とはいえ、すべてが⑤までで算出した数字どおりにいくわけではありません。そんなときのための対策を考えておきます。

例えば、「思ったよりも入店してこない。通る人の5％しか入ってこない」のだとしたら、5％を10％に引き上げるための施策（例：店頭看板を充実させる、店頭でお茶を配る、クーポンを配布する）などが必要です。あるいは「入店したお客様が予想よりも購入に至らない。入店者の10％しか購入しない」のだとしたら、10％を20％に引き上げるための施策（例：面白い本を紹介するＰＯＰをつくる、購入者特典をつける）などが必要です。

⑦それでもうまくいかない場合は、新たな対策を打つ

例えば、考え得るあらゆる施策を打ったのに入店者数が目標にどうしても達しない（通る人の10％が入店してくれると思っていたが5％しか入ってきてくれない）場合は、リピート率を高める施策（スタンプカードなど）などを行い、入店者数の落ち込みをカバーします。

①〜⑦までのプロセスをざっっくりと紹介しましたが、このように「売上」をつくる要

素を「店の前を通る人の数→入店する人の数→購入してくれる人の数」のように因数分解して考え、目標設定をします。そして、実際にやってみて、その目標が達成できない場合は、新たな施策を考えて落ち込みをカバーしていくのです。

★「採算が合う状態」をイメージすれば、決定的な失敗はしない

さきほど紹介した①〜⑦のプロセスのうち、①〜⑤は同じような商圏のお店をチェックしたりしながら、新規開店前に比較的簡単に行える試算です。「1時間に200人以上が店の前を通らないと採算が合いそうにないな」ということがおおよそわかります。ところが、実際に新規開店する場合、このような計算をしません（したがらない）。

顕著な例が、飲食店などが「人目につかない路地裏」に新規開店する場合です。「店の前を通る人の数→入店する人の数→購入してくれる人の数」のように分解して考えれば、それらの数は逆三角形状で減るため、人通りの多いお店のほうが有利です。

もちろん「人通りの多い場所は賃貸料が高い」といった理由や、「隠れ家的コンセプト」という理由もあるでしょう。けれども、ほとんどの場合、「一度食べてもらえば必ずリピートしてくれるはず」という〝腕に覚えあり〟が最大の理由だったりするのです。開店から

1年も経たずして閉店に追い込まれるお店が後を絶たないのはそのためではないでしょうか。「せっかくのおいしいお店が……」と、非常に悲しい気持ちになるのです。

短期での閉店を防ぐには、出店前に、ご自身の中で冷静に「採算の合う状態」をイメージするだけで良いと思います。そのうえで、お店を出したい物件が見つかったら、

・実際に何人がその前を通っているか？
・朝、昼、夜などで人数に変動があるか？

などを数えてみるのです。

そして、自分の想像する人数よりも少なかった場合、その少なさを具体的にどう補うかを考えましょう。ただ、それは最初から大きなハンデを背負うことになるという覚悟、そしてそれを打開する具体的なアイデアと行動が必要になるということは心にとどめておきたいものです。

スピード仕事術 21

「大きな目標」だけでは不完全。「小さな目標」をいかにクリアしていくかを明確にする。

22

amazon way

上限、下限、範囲内で目標設定する

私たちは事業や課題のゴールを、「目標設定」と、1つにまとめてしまっています。しかし実際は、

①**「設定した数値を上回らなければいけない」（下限設定）**
②**「設定した数値よりも下回らなければいけない」（上限設定）**
③**「設定した2つの数値の間におさまっていれば良い」（範囲設定）**

の3種類に大別する必要があります。

「何だ、そんなことは当たり前じゃないか」とおっしゃる方も多いと思いますが、ビジネスの現場では意外と当たり前になっていないようなので、ここで解説したいと思います。

前項で挙げた、あるまちで書店を開店する場合を例に考えていきましょう。

①「設定した数値を上回らなければいけない」（下限設定）

高くあってほしいものは、下限設定で管理します。代表的なのは、「売上」です。前項のまちの書店では「1ヵ月の売上100万円」という目標設定をしたので、仮に30で割ったとすると「1日3万3000円」が売上目標になります。

②「設定した数値よりも下回らなければいけない」（上限設定）

低く抑えたいものは、上限設定で管理します。代表的なのは、人件費などの「固定費」です。「1冊販売するための人件費を30円以下に抑えたい」といった目標などがこれにあたります。

③「設定した2つの数値の間におさまっていれば良い」（範囲設定）

ある一定の比率で発生してもらいたいものは、範囲設定で管理します。前項のまちの書店では「入店者のうちの何%が実際に購入してくれたか?」を「20%」で試算しましたが、この場合は上下に少し余裕を持たせて「18〜22%」というように目標設定します。

★グラフで「見える化」しなければ意味がない

①〜③までの数値の設定ができたところで、実際にビジネスを行っていくうえで大事なのは、下限、上限、範囲設定のことを頭で理解していることではなく、この考えを現場でしっかりと「見える化」しているかどうかなのです。

つまり、**「異常値を示したらすぐにわかるグラフ」**にしているかどうかが重要です。

①〜③それぞれについて見ていきましょう。

1 「設定した数値を上回らなければいけない」(下限設定)

来客数、販売数、利益額など売上(収入)に関わる数値は、基本的に下限設定のグラフで管理します。

エクセルなどを使ってグラフのベースをつくり、設定した数値のところに目立つように赤線を引けばＯＫです。「1日3万3000円」を上回らなければならないのなら、3万

３０００円のところに赤線を引きます。毎日の売上を入力していけば、上回っているか、下回っているかが一目瞭然です。上回っていれば、その日は目標達成。下回っていれば、何か手立てを考えなければなりません。

ただ、「平日は売上が伸びず、週末に伸びる」という場合もあります。その場合は、「平日２万５０００円、土日５万３０００円」などと設定を変えても良いと思います。

いずれにしろ、「自分が目指すべき目標は何か？　それに対して現状の達成率はどのくらいか？」ということがひとめでわかるグラフが必要なのです。

2 「設定した数値を下回らなければいけない」（上限設定）

人件費など固定費（支出）に関わる数値は、基本的に上限設定のグラフで管理します。こちらもエクセルなどを使ってグラフのベースをつくり、設定した数値のところに目立つように赤線を引くだけです。

光熱費、賃貸料などさまざまな経費を差し引いた人件費を「１冊30円以内」に抑えたいのなら、30円のところに赤線を引きます。「人件費÷販売冊数」を入力し、赤線を越えているかいないかをチェックします。下回っていれば、目標達成。上回っていれば、何か手立てを考えましょう。

ここでも「自分が目指すべき目標は何か？　それに対して現状の達成率はどのくらいか？」ということがひとめでわかるグラフが必要なのです。

下限設定グラフと同様、「平日は売上が伸びず、週末に伸びる」という場合などには、①と同様に平日の人件費と休日の人件費の上限に差をつけてもいいかもしれません。ただし、「1週間で○円以内」とするよりも「平日は△円以内、土日は×円以内」と区別して考えたほうが、目標管理はしやすくなります。

3　「設定した2つの数値の間におさまっていれば良い」（範囲設定）

こちらもエクセルなどを使ってグラフのベースをつくり、設定した2つの数値のところに目立つように赤線を引くだけです。

これは、購入率、リピート率など、「率」を知りたい場合に使います。

①と②の収入や支出の「数」のチェックは大半の企業や店舗が重要視していますが、「率」のチェックにまで手が回っていないところも多いように感じます。なぜなら、とりあえず「数」が目標達成していれば、困ることはないからです。

例えば、「1時間に20人のお客様に入店してもらいたい。そして、入店したお客様の

20％に本を1冊買ってもらいたい」と思っていたとしましょう。

ところが、2倍の40人が入店し、4人のお客様が1冊ずつ購入してくれたとします。これは、売上目標だけを見ると達成しています。

けれども、40人も来てくれたのに4人のお客様しか購入してくれなかったのですから、購入率は目標の半分（10％）しか達成していません。レジが混んでしまってお客様が「買うのをやめよう」と思ってしまったのか、それとも別の理由があったのか……目標を達成できない問題点が何かしらあるはずです。

あるいは、20人のお客様が入店し、買ったのは1人だったがそのお客様が4冊購入してくれたとします。これも、売上目標だけを見ると達成しています。

けれども、この場合も40人のお客様が入店し、買ったのは4人だった場合と同様です。その他の19人は「買いたいものが見つからない」という状態だったのですから、品揃えを再検討したり、POPで書籍の魅力をPRしたり……といった、購買率を上げるアクションが必要です。

下限、上限の数値だけを見ていては、問題の本質を見失い、結果として成長のスピードを落としてしまう可能性があるのです。そのため、範囲設定のグラフで「率」を見える化し、安定しているかどうかをチェックする必要があるのです。

★反応率を重要視し、改善点を見出していく

アマゾンでは、反応率（コンバージョンレート）を非常に重要視しています。「何人がアマゾンのサイトに来てくれたか？」「そのうちの何人がこのページに来てくれたか？」「そのうちの何人がショッピングカートに商品を入れてくれたか？」「そのうちの何人が最終的に商品を購入してくれたか？」「そのうちの何人が商品を返品せずに受け取ってくれたか？」「そのうちの何人がレビューを記入してくれたか？」……といったことを、創業当初から、すべての商品・サービスのページでチェックしています。そのような積み重ねから、かなり高い精度で「このような反応率が期待できるはず」という数字を導けます。

そして、期待する数値を下回る場合には、すぐに手を打ちます。商品の説明が少ないからなのか、在庫が少ないからなのか……など、伸び悩みの原因と考えられる要素を仮定し、改善策を施していきます。

また、期待する数値をより高いものにするための施策も随時行っていきます。頻繁にアマゾンサイトにアクセスしている人なら気づくと思いますが、ときおり、一部のページの

デザインが他のページと少しだけ異なっていることがあります。文字の書体が違ったり、アイコンの色が少しだけ違ったり……それは「少しだけ変えることで反応率がどう変わるか?」をチェックしているのです。

これは「ABテスト」と呼ばれるもの。ユーザーにとって、わかりやすく、使いやすく、購買意欲を喚起するページであればあるほど、反応率は上がっていきます。

アマゾンでは、創業当初から無数のABテストを通じてサービスの向上に努めています。これは、ユーザーの目に見えるところだけではなく、システム、倉庫など、ありとあらゆる業務に及びます。今日も何かしら、サービス向上のための試みが行われているはずです。

スピード仕事術22

「異常値がすぐにわかるグラフ」を作成してすぐに改善できる環境を整える。

23 amazon way

すべての職業は数字を想定して活動するもの

131ページで、すべてのビジネスは「$y=f(x)$」の方程式に置き換えられるというお話をさせていただきました。yは「売上」など経営活動において上位にある数字、xは上位にある数字を左右する数値を指しています。

営業、人事、総務、経理、企画、広告、広報、マーケティング……部署にかかわらず、本来はすべての仕事が「yを達成する」という大目標にひもづいているべきです。すべての社員が「自分たちはどんなxを達成するか？」を考えながら行われるべきなのです。

そうでないと、何のために頑張ればいいのか、どこまで頑張ればいいのかわからないまま、社員が仕事をしなければいけなくなるからです。

ところが実際には、デスクワーク系の仕事、日本で言うところの「非生産部門」の目標を数値化していない企業が非常に多いように思います。その象徴的な例が「優秀な社員に仕事が集中する」という状態です。

次から次へとこなさなければならない仕事がある、でもあまり残業はさせられない……となった場合、短絡的に考えれば、いちばん簡単なのは「デキる社員に仕事を渡してしまうこと」です。

他の社員よりもパフォーマンスが高いのですから、当初は生産性が上がるように感じます。個々人の目標が決められていない職場は、特定の人に仕事を振るには好都合です。

さて、その結果として何が起こるでしょうか？

優秀な社員は、人生のコントロール感を失ったまま走らされ続けます。疲れ果ててパフォーマンスを落としていきます。そして、最後には「こんな会社にいても意味がない」「こき使われて終わるなんてまっぴらだ」と思い、会社を去っていきます。「優秀な社員ほど先に辞めるのはなぜか？」ということが最近注目されていますが、まさにその問題が生じます。

一方、優秀な社員以外の人は、こちらもまたシラけた感じになります。「会社から期待されていないんだな」ということが明らかだからです。そして、「同じ給料をもらえるんだから、むしろサボったほうが得じゃないか？」と思うようになります。そして、会社の思惑とは裏腹に〝使えない社員〟ほど会社を辞めようとはしないのです。

★「2：6：2の法則」の前にやるべきこと

皆さんは「2：6：2の法則」という言葉を聞いたことがあると思います。これは、どんなに優秀な人材を集めても、結果として「2割のよく働く人、6割の普通に働く人、2割の働かない人」に分かれてしまう……という法則です。

この法則自体を完全否定するつもりはありませんが、この法則を振りかざして「優秀な人間は黙ってでも働くし、働かない人間はいくら言っても働かないんだ」と決めつけるのは早計だと思います。

「使えない社員がたくさんいる」と嘆く会社の経営者やマネージャーは、すべての社員に「いつまでに、ここまで頑張ってほしい」としっかり伝えているのでしょうか？

〝使えない社員〟は、目標と締め切りを聞き、他の社員が目標達成に向けて仕事をしているのに、自分だけサボっているのでしょうか？　私ははなはだ疑問に思います。

「2：6：2の法則」をすぐに持ち出し自嘲する組織は、目標を数値化し、全員に伝達を行う仕組みを持っていないだけなのではないのか？　個々人が、「いつまでに、どこまで頑張ってほしいか」を理解し、「自分の頑張りが会社の利益にどのような形で貢献するのか」がわかっていれば、一部の人間だけに仕事が集中し、サボる人間が一定数いる組織にはならないのではないか――と強く感じるからです。

★すべての仕事で、目標の数値化が可能

と、こんなふうに書いても、

「営業や広告などは売上に直結している部署なので、目標を数値化できますよ。でも、人事や経理や総務などは、どうやって目標を数値化するんですか？」

と疑問に思う人も多いのではないでしょうか。

どんな仕事であっても、目標の数値化は可能です。事実、アマゾンでは、本書で何度も

触れたとおり「メトリックス」が存在していて、リテール（小売り）、オペレーション、サービス、人事、財務、法務、広報……あらゆる部門の目標が数値で明確に決められています。そのため、「自分は何をどう頑張ればいいのか？」に迷うことなく仕事ができるのです。

であるにもかかわらず、「デスクワーク系の仕事は目標の数値化が難しい」と感じるのだとしたら、3つの可能性が考えられます。

1 会社の利益につながらない業務内容が大半を占めている

例えば、誰も読んでいない報告書、つまりはあってもなくても良い報告書をつくっているとします。この作業に対して、「この仕事によって、こういう利益が期待できる」とか「ただし、利益を出すにはこれだけの作業時間に収めてほしい」といった目標設定は難しいでしょう。

なぜなら、その作業が「$y=f(x)$」のxではないからです。それは、残念ながら「仕事をしているように見える」だけで、「仕事」とは呼べないのではないでしょうか。

この場合は、「会社の利益にどうつながるのか？」という視点で現在の作業の内容を見直し、利益につながらないと判断した作業はやめることから始めるべきでしょう。

2 会社の利益につながる業務を従業員の「善意」に委ねている

例えば、お客様ハガキに返事を書く作業があったとします。顧客満足度を高めたり、リピート率を高めたりするうえで非常に重要な作業だと思いますが、これを「お客様に返事を書くのは大事だから」と気づいた社員が、自発的に、しかもひっそりと行っていたとしたらどうでしょうか？

デスクワーク系の作業には、このような社員の「善意」で成立してしまう、「表には出てこない仕事」がたくさんあります。けれども、こういった作業を全部洗い出し、「見える化」していけば、どのような作業でも数値化は可能です。

3 数値化の方法がわからない

大事なのは、とにかくすべての作業の価値を数値化して「仮決め」してみることです。マネジメント側が仮決めするのでも、当事者が仮決めするのでも良いでしょう。とにかく一度洗い出してみるのです。

例えば、「1つのプロジェクトの企画書作成」は、会社にどれほどの価値をもたらすのか？

「毎月の経費精算」は、会社にどれほどの価値をもたらすのか？

「1時間の商品検討会議」は、会社にどれほどの価値をもたらすのか？

初めは少し難しいようにも思うかもしれませんが、一度やってみてください。数値を「仮決め」するとまずわかってくるのが、作業の重要性や特性です。「大事な作業」なのか「やらなくてもよい作業」か、「できるだけ時間をかけずに終わらせるべき作業」なのか、「後工程の人のために時間をかけて丁寧に進めたほうが良い作業」なのかなどが明確になります。

また、何人もが集まり、ダラダラと話をして、結局結論が出ないまま終わる会議の損失なども明らかになります（会議については第4章でさらに詳しくお話ししていきます）。

★目標設定や効果測定が難しくても「仮決め」の習慣をつける

そもそも目標設定をしなければ、効果測定もできません。それでは「良かったのか？悪かったのか？」がわからないので成長できないのです。

例えば、デザインなどは目標設定や効果測定が難しい分野だと考えられているようです。しかし、こういった分野でも、目標を数値で決める習慣、効果を測定する習慣を持ったほうが良いでしょう。

例を挙げれば、本の装幀デザインの仕事に対する目標設定と効果測定。「読者アンケートハガキの『この本を購入した理由』の項目で『表紙が良かったから』に○をつけた人の割合を20％にする」といったように決めてみるわけです。読者アンケートハガキを使って目標設定と効果測定を行うのが最善なのかは別として、1つの指標にはなるはずです。

すべての作業の価値が数字で「見える化」されている――それが、まず目指したいレベルです。そのうえで、その価値をさらに高めるにはどう工夫すればいいのかを考える――それが、次に目指したい状態です。

ぜひ、検討してみてください。

スピード仕事術 23

まずは業務を洗い出し、目標を「仮決め」することから始める。

24

amazon way

マネージャーの仕事は「人、モノ、金、時間」の最大化

経営資源のことを、最近では「リソース」と呼びます。リソースとは何かと言えば、「人、モノ、金、時間」の4つに集約されます。これはアマゾンに限らず、どこの企業でも共通の考え方だと思います。

これを踏まえて、職場をマネジメントする立場の人間が行わなくてはならないことを考えてみます。

それは、**「リソースが足りているかどうか？」のチェック**であり、もしも足りない場合は、**リソースを調達すること**です。そのうえで、それらの**リソースを最大化させること**です。

①「人」：現場に、人は足りていますか？

②「モノ」：現場に、必要なモノがそろっていますか？

③「金」：現場で必要なお金は用意されていますか？
④「時間」：現場で必要な時間が確保されていますか？

もしも「金」が足りないのだったら、しかるべき相手と交渉し、必要な資金を確保する必要があります。また、お金は出せないが「人」（サポートメンバーに協力してもらうなど）を増やすことで解決するのであれば、代わりに人を確保すればいいでしょう。

また、もしも「時間」が足りないのだったら、しかるべき相手と交渉し、必要な時間を確保する必要があります。時間を増やすのは難しいが「モノ」（ハイテク機械を導入するなど）や「金」（外注するなど）や「人」（サポートメンバーに協力してもらうなど）を増やすことで解決するのであれば、代わりの手を打てます。

こんなふうに4つのリソースがすべて「足りている（万が一足りないリソースがあっても他のリソースで補えている）」という状態にもっていけたら、その次はリソース一つひとつの最大化を考えていきます。

「人」であれば、メンバーにとって、やりがいがあり、働きやすい仕事空間を整えることなどにより生産性をアップします。ジェフ・ベゾスは、よく私たちに面と向かってアマゾンの考え方を話してくれましたが、これは社員のモチベーションを高めるうえで非常に大きな効果を発揮していたと思います。

「モノ」であれば、費用対効果の高い設備や機械などを準備し、生産性を高めます。第2章で触れたパソコンの買い換えなどは、まさにこれにあたります。

「金」であれば、設備投資や備品購入の資金を決裁することなどで、生産性を高められます。海外の担当者と部下を直談判させるために、航空機代をすぐに用意し、現地に向かわせるといったことも、これに含まれます。

「時間」であれば、私が本章で解説してきたように、目標と現状を把握させることで生産性を維持・向上できます。

★リソースが足りないまま突き進むと、必ず失敗する

リソースが不足しているにもかかわらず補充を怠り、現場の頑張りだけで何とかしようとすれば、「苛酷残業」となり、「ブラック企業」と見なされてしまいます。

マネージャーは、自分のチーム全体の「人、モノ、金、時間」を数値化して常に把握し

ている必要があります。それは、部下となるメンバー全員の「人、モノ、金、時間」を把握しているということと、イコールです。「マネージャーはプレイヤーを兼任できない」とよく言われますが、自分がプレイヤーである限り、チーム、そして部下の状態を把握するのは難しくなります。ですから、たとえ兼任せざるを得ない状況であっても、マネージャーとしての仕事を優先させるべきです。

そして、リソースが足りなければ、アイデアを駆使してその不足を補うべきです。不足のまま進むことは、現場を疲弊させ、悪い結果しかもたらしません。

スピード仕事術24

マネージャーは「人、モノ、金、時間」の不足をまず補い、そのうえで最大化を。

25

amazon way

「今週の目標は？」に、すぐ答えられる人になる

私が経営コンサルタントとしてさまざまな企業に関わらせていただくようになって驚いたのは、現場の方々に、

「今月の目標を教えていただけますか？」

という質問に答えられないケースが非常に多いということです。

この答えの内容は2つに大別できます。

1つは、

「えーっと……わかりません」

といった答えです。これは、目標が現場に伝えられていない証拠です。

もう1つは、

「今月の売上目標は2億と聞いています」

といった答えです。

「それはわかりました。その数字を達成するうえでの、あなたの今月の目標は何ですか?」

とお聞きすると、

「それはわかりません」

という答えが返ってきてしまうのです。

★「WHAT」を決めれば「HOW」はすぐ決まる

本章で触れてきたように、売上目標を持たない企業は基本的に存在しません。そして、すべてのビジネスは「$y=f(x)$」で表すことができます。また、小売業などの場合は「商品単価×顧客数×購買頻度」で売上のおおまかな数字が算出できます。


例えば、今月の売上目標の2億円は、どうやって達成するのか?

商品の原材料の調達に関わる部署は、今月、どの商品の単価をいくらまでに抑えるといいのでしょうか?

顧客数の増大に関わる部署は、今月、何人のお客様にお買い上げいただくといいのでしょうか？

そして、顧客数の維持に関わる部署は、今月、何人のお客様にリピートしていただくといいのでしょうか？

さらに、これらの部署を下支えする経理や人事や総務などの部署は、今月、どのような数字目標をクリアすると売上達成に貢献できるのでしょうか？

こういったことが決まっていないと、「何をどう頑張ればいいのかわからない」という状況が生まれてしまうのです。


アマゾンでは、すべての部署において、今月、今週、部署によっては今日のこの1時間でどんな数字を達成したいのかをすべての人間が知っています。

一方で、その数字を達成する方法は、現場の人間が検討していきます。例えば、お客様にリピートしていただく方法も「メールでオススメ商品をお知らせする」「リピーター向けのキャンペーンを行う」など無数に考えられます。その中で、どの選択肢を取るかは、現場の人間が最良のものを提案し、決裁を通していけば良いと考えています。

つまり、しっかりと決めなくてはならないのは「WHAT（何を？）」の部分で、そうすれば「HOW（どのように？）」は創意工夫しながら自律的に決まっていく——という考え方なのです。

ときおり「WHAT（何を？）」が決まっていないのに「HOW（どのように？）」が細かいという企業を見かけます。

それはまるで、目的地がよくわからないまま乗り物を運転させられていて、しかも運転のしかただけを随時細かく指導されるようなもの。運転者からすると、「WHY（なぜ……？）」という思いばかりが募っていくでしょう。

そこでまずオススメしたいのは、94ページで述べた「1週間の目標」を、すべての社員が言えるようにするということです。1ヵ月の目標では長すぎます。それでは対策が打てません。1週間で見るべきです。

会社全体の年間売上目標を、部署ごとの年間目標に分解してみましょう。それを月間目標に、さらに週間目標に細分化します。そうすれば、すべての現場で「今週の目標は……」と口にすることができるのです。「こうすれば売上目標が達成できる」という根拠を示すだけです。決して難しいことではありません。

★せめて自分だけでも「今週の達成率」を毎日チェックする

とはいえ、右のような「会社全体の年間売上目標を、部署ごとの年間目標に……」というプロセスは、会社の経営層が主体的に行わないと完成しない作業かもしれません。「それはさすがに無理だな」と思った人も、ここであきらめてしまわないでください。

自分のチーム、あるいはせめて自分だけでも「今週の目標」を決め、「今週の達成率」を毎日チェックしてみませんか？

まずは上司などにヒアリングし、会社の設定する目標数値を〝仕入れ〟ます。

それをもとに「自分のチームあるいは自分が期待されている目標値」を「仮決め」してみましょう。120％（パフォーマンス過多）でもなく、80％（パフォーマンス不足）でもなく、100％の数字を出してみます。1年間を単位に考えるのが難しければ、1ヵ月でも1週間でもかまいません。まずは、とにかく「仮決め」してみるのです。

その次は、1週間単位で、自分の設定した目標値と実際の働きぶりを比較していきます。これもざっくりでOKです。とにかく比べてみるのです。

そして、1ヵ月の達成度、3ヵ月の達成度、半年の達成度……とチェックし、最終的に自分たちの1年間のパフォーマンスが会社の期待する売上目標に貢献していたかを調べてみるのです。

これをオススメする最大の理由は、「自ら目標設定し、自ら目標達成度を測定する」というプロセスを習慣化することにあります。

会社が目標を数値化し、周知徹底する仕組みを全社的に導入してくれたら、それに越したことはありません。

ただ、あなたがこの本を手に取ってくださった理由が、「今在籍している組織の、決断や行動のスピードの遅さに悩んでいるから」なのだとしたら、過度な期待は禁物です。自分の動かせる範囲から、主体的に動かしていきましょう。

「自ら目標設定し、自ら目標達成度を測定する」習慣を持つことで、指示待ち仕事から抜け出せます。来週自分が何をするのか、来月何をするのかわからない、しかも何のためにするのかわからない……といった状態から抜け出す一歩となるのです。

「会社から期待されている目標値」という表現だけを聞くと、会社のためのように感じる人もいるかもしれませんね。そうではありません。突き詰めると自分のため。かけがえのない自分の人生のために、この習慣を身につけてほしいのです。

スピード仕事術★25

「自ら目標設定し、自ら目標達成度を測定する」習慣を持って、自分の人生を自分でコントロールする。

第4章

事業を加速させるミーティング

26

amazon way

アマゾン出身者から見た「日本型会議」の特徴

仕事の生産性を高めるうえで、絶対に見直しを図るべきことの1つが会議です。

私がアマゾンに入ってから行ってきた会議と、私がアマゾンを出てから見たり聞いたりしてきた企業の会議には大きな違いがあります。敢えて強い言葉を使わせていただくならば、アマゾンの会議と比べてムダが多いのです。

ということは、言い換えれば会議を見直すだけで劇的な生産性向上が期待できるということでもあります。

そこでまずは、さまざまな企業からヒアリングした情報をもとに創作した、典型的なダメ会議のようすをまとめておきます。すべてが当てはまる企業はさすがに少ないと思いますが、一部は思いあたる部分があるかもしれません。自社の会議と照らし合わせながら読んでいただければうれしく思います。

★典型的なムダ会議の例 ～A社の場合～

「持ち帰って検討してきます」

結局、メンバー全員がそのひと言を口にし、予定よりも30分延びた会議はようやく終わった。次の会議の日時は、再度全員の予定をすり合わせて決定される。十数人もの参加者の予定が合う日を探すのは意外と難しい。おそらく半月から1ヵ月くらい後になるはずだ。

*

複数の部署からメンバーを集めて行う検討会議は、予定よりも10分遅れて始まった。開始予定時刻になっても3分の2しか集まっていない。プロジェクトの中心部署の部長が来るまでは、会議は始められない。早くやってきた（といっても予定時刻ぎりぎりに着席しただけなのだが）メンバーは雑談をしながら、部長の到着を待つ。

10分経って、部長が慌ただしく入ってきた。

彼の口グセは「ええっと、今日の議題は何だっけ？」

司会進行を任されている係長が口頭で説明すると、「なるほど、なるほど」と納得。だが、部長への説明を聞きながら、参加者の何人かは（そういう目的の会議だったのか）と心の中でつぶやいている。


15分後、20分後……遅れて人がやってくる。役職が高い人間である場合、司会の人間がいったん会議を中断して、「現在このようなところまで話が進んでいます」と報告する。そのたびに、参加者全員が「何をどこまで話していたのか？」がわからなくなり、かなり前のほうまで戻って議論を再開することになる。

だが、遅れてでも来るならまだマシだ。結局、最後まで来ないという人が必ずいる。その人間の予定がなかなかつかないから、延びて延びて、ようやくこの日時になったのに……何の意味があったのだろうか。


今回の会議のメンバーの大半は若手だ。それぞれのメンバーが作成したパワーポイントの資料を配り、その資料をめくりながら説明をしていく。基本的にはすべて資料に書いてある内容が読み上げられる。

各メンバーの報告に、大きな関心を持つ人間は正直言って少ない。けれどもときおり、資料の内容に疑問を抱いた人間（自分の部署に大きな影響がありそうな場合が多い）が、口をさしはさむ。「この部分についてはどうなのか？」「この部分についてはこういった懸念があるが検討してもらえる余地はあるのか？」と質問する。

すると、質問されたメンバーは必ずこう言う。

「私の一存では答えられないので、質問を持ち帰らせていただきます」

毎度のことながら、会議の雰囲気は非常に重い。各メンバーの配る資料は、パワーポイントでつくられた、比較的単純化された資料だ。とはいえ、この報告を十何人もが行うのかと想像すると、げんなりしてしまうのだ。「早く終わらないかな」という空気に満ちあふれている。目をつぶり、腕を組み、「そのことについて熟考している」という姿勢で居眠りするのが得意な人間もいる。

2時間で終わる予定の会議。そのうち1時間15分ほどが各部署の報告で使われてしまった。司会が少し焦り出す。「今日は次へのアクションをとるために、最低でもいくつかのことは決めておきたいので……」と切り出し、ここで最低限決めておきたいいくつかのことについて少し議論がなされる。「今日はこの3つのことについて決めておきたいと思います」と、ここで初めて本日の議題が決まるのだ。すでに1時間30分が経過。

議題の1つ目について、議論が開始される。議論といえば聞こえはいいが、実際は中心部署の課長の高説を若手がうんうんと聞く形式。過去の成功体験をもとにした講演に近いスタイルだ。

話し疲れた課長が、「他部署の若手からも意見を聞いてみたい」などと言い出し、指名する。お、なかなか斬新でいいアイデアだ。だが、急に指名されたこともあり、話は飛躍しているように思える。若手のメンバーたちに、少し生気が戻ってきた。興味を持って、同輩の話を聞いている。

だが、何よりも問題なのは、部長がこの話についていけていないことだ。それを忖度したある部署の係長が、若手の発言を遮《さえぎ》る。「そのアイデアは悪くはない。が、忙しい時間をやりくりし、部長をはじめとした皆さんにお集まりいただいた会議の場で話す内容ではない気がする。後日、考えを整理して、資料にまとめて提出するように」。若手たちは、この時点で心のスイッチを完全にＯＦＦにした。

結局、会議はその後も脱線を繰り返し、議題の1つ目すら結論が出なかった。終了予定時刻の5分前になっても、議題の1つ目すら議論が深まらない。メンバーのひとりが内線電話をとり、会議室の次の予定を確認したところ、なんと先ほど30分遅れで開始することになったらしい。

内線を切ったメンバーが、「会議、30分延長できます」と、やけに大きな声で口にし、会議の延長が決まった。

だが、その30分でも、結局何も決まらなかった。

それはそうだ。参加しているメンバーのほとんどが、権限を持たないメンバーなのだから。

彼らは何かを決めるために、この会議に参加しているのではない。実際に決められる人が忙しいので、〝会議の内容を整理して報告する人〟として、この会議に出ているだけなのだ。

こうして、2時間半を費やして決まったこと。それは「本日の会議で最低限決めるべきことが3つあった」ということだった。だが、その3つのどれ1つとして決まらなかった。

各部署から派遣されたメンバーは、こう言うしかない。

「持ち帰って検討してきます」

こんな会議をする必要、どこにあるのか……と思考する体力すら、徐々に奪われていく。

スピード仕事術★26

ムダ会議は、生産性を飛躍的に向上させる〝伸びしろ〟である。

27 amazon way

会議の目的（＝ゴール）を明確にする

では、前項のようなムダ会議をやめ、スピード感あふれる、生産性の高い会議をするにはどのような点を重視すれば良いのでしょうか？　重要だと思われる要素をいくつか挙げていきます。中には、「自分の一存だけでは決められない」と感じる要素もあると思いますが、少しでも理想的な会議に近づけるよう創意工夫すると良いのではないでしょうか。「なんだ、そんな当たり前のこと」と思うかもしれませんが、これが徹底されていない会議があまりにも多いのです。

ひとくちに会議といっても、さまざまな目的が考えられます。アマゾンで行っていた会議を大別すると、

・情報をシェアする会議なのか？
・対策を話し合う会議なのか？

・アイデアを出し合う会議なのか？
・何かを決定する会議なのか？
などが考えられます。

よく見られるのは、「本当は何かを決定するために開催したのに、結局情報をシェアするだけの会議になってしまった」というパターンでしょう。

あるいは、「アイデアを出し合う会議だったのに、結局声の大きな人の意見で物事が決まってしまった」というパターンも見られます。


アマゾンでは、目的がわからない会議、目的が結局ズレてしまう会議は決して行われません。

それができる理由は、「会議の主催者の役割、参加者の役割がはっきりしている」「会議を時間内に終わらせる環境づくりがされている」などいくつかあります（詳しくは後述します）が、「会議の目的を明確にする」ことが何よりの第一歩です。

★「会議後に参加者がどのような状態になっているか？」を決める

「会議の目的」とは、すなわち「ゴール」のことです。

1時間の会議であれば、「1時間後に参加者がどのような状態になっているか？」を指しています。例えば、「あるプロジェクトの重要事項を決める会議」だとしましょう。その際は、「この1時間の会議を終えた後、決定をもとに各参加者が各々の所属する部署ですぐに次のアクションに移れること」がゴールなのです。

アマゾンの場合、会議を招集する人が参加者に、社内システムで「今回の会議の目的（＝ゴール）」を事前に告げます。

そして、司会をする人（ほとんどが会議を招集する人）が、会議の冒頭で、「今回の会議の目的（＝ゴール）」をあらためて告げます。場合によっては、ホワイトボードに書いて共有します。

そして、参加者全員が、決められた時間内に、決められたゴールに向けて集中して会議を行います。

そのため、1時間の会議がダラダラと1時間半に延びることは基本的にありません。

ただし、「決めようと思っていたのに時間内に決められなかった」ということはたまにあります。議論を深めたら「この部分は調査や再検討が必要だね」という要素が出てくる場合があるからです。けれども、その場合も、「後日検討する要素を明らかにしてそれだけ持ち帰る」「この会議で決められる要素は決めてしまう」「次の会議もできるだけ早いタイミングで行う」という対処をします。なぜなら、それらが決まらないと、次のアクションに進めないとわかっているからです。

アマゾンでは「決定すること」を大事にしています。「会議をすること」が目的化することは絶対にありません。むしろ、短い時間で会議が終わるのならば、全員が大歓迎です。実際、1時間を予定していた会議でも、30分でゴールに到達することができたら、その時点で会議を終了することがよくありました。

ですから、まずは目的を明確にしましょう。

「参加者たちが、会議を終えて、どのような状態になっているべきなのか?」

これを考え、参加者で共有するだけでも、「会議に参加すること自体が目的になる」という事態や、「会議ばかりでイヤになると言いながらも、そんなふうに忙しそうな自分がまんざらでもない」という人や、「現場の人間の忙しさを考えずに長い会議をやって、やり切った感に浸って帰っていく」という上司を、少しでも減らせるかもしれません。

スピード仕事術 27

「会議の後に参加者たちがどのような状態になっているべきか?」がゴールである。

28 amazon way

会議の参加者一人ひとりの役割を明確にする

日本の企業の会議でよく起こりがちなことが、２つあります。

1 決定権や決裁権が考慮されないまま参加者が決まっている

例えば、さまざまな部署が集まって会議をするとします。その際、各部署から誰が出るかは部署ごとに任されていることも多いのではないでしょうか。すると、決定権や決裁権のある上司ではなく、部下が代理で参加する部署も出てくるでしょう。決定権や決裁権のない人間なのですから、部署としての判断を求められたら「部に持ち帰ります」としか答えようがありません。その結果、何も決まらなくなってしまうのです。

アマゾンでは、このような招集のしかたはまず行いません。

例えば、さまざまな部署で集まって、ある議題について結論を出したい会議があったとします。

その場合は、会議を招集する人間（プロジェクトの中心者であり、会議の進行を務める人間）が、「○○部からはAさんが出てほしいな。××部からはBさんが出てほしい」と人選して、「あなたに出てほしい」と、その人に直接依頼をするのです。なぜなら、AさんやBさんでないと決定・決裁ができないことを知っているからです。

もしもAさんが「会議に出るのはどうしても無理だ」となったとします。その場合は、「Aさん、わかりました。代理を立ててもらって大丈夫ですが、その代理の人に権限委譲をしておいてください」とお願いするのです。つまり、代理の参加者に決定・決裁権を持って会議に臨んでもらうのです。そのため、Aさんがいなくても、物事が決まっていくのです。

アメリカ系の企業では、各業務について「ジョブ・ディスクリプション」と呼ばれる資料を作成します。遂行内容や難易度、求められるスキルなどを記述し、「あなたの職務はこういうものです」と定義した資料です。基本的には、すべての職務にこういった定義が存在しています。そのため、「この案件で、この部署の決定権・決裁権を持った人は誰か？」、ということも明確にわかるのです。それ以外の人間を招集したところで、まったく意味はないのです。

となると、会議の人数も必然的に絞られます。

アマゾンでも、例えば日本中の倉庫（FC）の主要メンバーが集まり、大事な内容について話し合う会議などでは、参加者が20人、30人となることはもちろんあります。けれどもそれは、必要性があって集まったメンバーがたまたまその人数だったたけのこと。

5つの部署の決定権・決裁権を持った人が集まって会議を行えば、その人数は5人で済みます。ほとんどの会議は、そのくらいの少人数で行われています。同じ部署から2人出席するということも、役割が別々ならば意味がありますが、なんとなく2人来るということなどあり得ません。

★なぜ全員がアイデアを言わないのか？

2 参加者の参加意図が不明確

ムダな会議の象徴は、「ひと言も発しないまま会議が終わってしまった」というものです。アマゾンではあり得ない光景です。

会議に参加してもらう理由は、その人から専門的な意見を出してもらったり、その人にその場で決定・決裁してもらいたいからです。ですから、アマゾンでは会議を招集する際、招集者は「あなたにはこういう観点からの発言を期待したい」ということを事前に伝える場合も多いですし、声をかけられた側も「自分はどういう役割を期待されて呼ばれたのか？」を事前に考え、準備したうえで参加します。

ですから、皆でアイデアを出し合う場で、ひと言も発言しない参加者がいた――といった事態に陥ることはありません。万が一そんな人がいたら、「あなたは何のために会議にやってきたのか？」と言われてしまいます。もちろん、その前に会議の進行役が指名して発言を促すので、しゃべらないで終わるということはあり得ないわけですが。

ちなみに、英語でも「Silence gives consent.」（沈黙は承諾のしるし）などの言い回しもあるようですが、アマゾンにはそういった考え方もありません。黙っていればいつの間にか終わるような会議はありません。

日本人は「間違った発言、場違いの発言をしたらどうしよう」という思いが強いような気がします。いわゆる「知らぬが恥」の文化です。

けれども、アマゾン本社などで活躍するアメリカ人たちは、知らないことを恥だと思っているようすは微塵も感じられず、どんどん発言や質問をします。彼らは「知らぬが恥」なのではなく、「知らぬままが恥」なのです。その前向きな姿勢は、私たちも見習うべき部分のように思います。

スピード仕事術★28

参加者一人ひとりの役割と期待を伝えれば、自然とメンバーが喋りだす。

29 amazon way

オーナーが場をリードする

アマゾンでは、ミーティングの主催者、ミーティングの資料作成など準備をする人、ミーティングの進行役は、基本的に同一人物です。もちろん、協力者を仰いで資料を作成してもらったり、日程調整などをしてもらったりすることはあるのですが、とりまとめるのは基本的に1人です。そして、そのミーティングの主催者は、そのビジネスの「オーナー」でもあります。

OLP（リーダーシップ理念）の第2条で**「Ownership」**という言葉が掲げられています。その解説に、

リーダーは『それは私の仕事ではありません』とは決して口にしません。

とあることからもわかるとおり、自分の関わるプロジェクトに主体性を持って取り組み、他人事ではなく自分事と考えて行動することを求められるのです。

例えば、あるプロジェクトを自分が起案したとしたら、そのプロジェクトのオーナーは起案者自身ということになります。

もちろん、プロジェクトの規模と、その人の仕事経験を照らし合わせ、「これだけの規模のプロジェクトを、まだ経験の少ない人間が1人で仕切るのはさすがに難しいだろう」と判断され、より経験のある人間がサポートに加わる場合もあります。けれども、オーナーは基本的に起案者なのです。

アマゾンは、アイデアを言うだけでやらないという文化ではなく、アイデアを思いついた人が主体となってそのビジネスを成功軌道に乗せることを求めます。

つまり、そのビジネスのオーナーは、CEOのジェフ・ベゾスでも上司でもなく、あなたであるという考え方なのです。

★オーナーは、会議の流れを「逆算」でつくり込め

この、オーナーが「会議を含め、全体の進行を管理する」というやり方は、非常に良い

効果をもたらします。なぜならオーナーは、「会議を有意義なものにしなくてはならない」という意識がもっとも強い人間だからです。

アマゾンでは、「シンキング・バックワード」（逆算して考える）という考え方を非常に大事にします。

・最終目標は、いつまでに、どんな状態になっていることなのか？
・そのためには、いつまでにどんな状態でなければ間に合わないのか？

といったように、大きなゴールから逆算して、小さなゴールを考えるのです。
たとえるならば、「山頂にはお昼の12時には到着したい。そのためには、遅くとも11時には九合目に着きたいし、遅くとも10時には八合目に到着したい……」といったプランの立て方です。

プロジェクト会議を、プロジェクト完了までの1つの「小さなゴール」と見なすならば、必要十分な検討をし、結論を出して、できるだけスムーズに次に進みたいわけです。そのためには、プロジェクト全体を俯瞰《ふかん》し、逆算し、「今どういう状態になっていないといけないのか？」がいちばんわかっているオーナーが会議を仕切るのが良いのは当然のことです。

ところが、日本の会社で起こりがちなのは、オーナーではない人間が会議を仕切ってしまうことです。「仕切りのうまい人が仕切ったほうが良いのではないか」「肩書きなどから考慮するとあの人に仕切ってもらったほうが良いのではないか」など、さまざまな考え方があるかもしれません。

けれども、その人たちには「会議でここまで到達したい」という切迫感がありませんし、当事者意識も薄いので、実りある会議にはなりにくいのです。

★会議の時間をムダにしない6つのコツ

オーナーは会議の進行役ですので、「ファシリテーター」と呼ばれることがあります。単なる進行役というよりも、会議を促進する人という意味が込められています。

ファシリテーターは、会議において次のような役割を果たす必要があります。

1 会議の目的、時間割、決定の方法などを冒頭で明確にする

175ページでもお話ししましたが、「この会議を行う目的は何か」は冒頭で参加者と共有しましょう。

また、会議の時間配分についても伝えましょう。「1時間の会議なので、10分で資料を読み込んで、20分議論をして、残りの30分で結論出しまでいきましょう」といった具合です。

さらに、結論の出し方についても共有しておくと良いと思います。「2～3の方向性に絞られたところで、最終的にはビジネスオーナーである自分が決めさせてほしい」なのか、「これは全員一致で次に進みたい内容なので、全員YESとなるまで議論したい」なのか……結論の出し方もさまざまだからです。

2 時間を意識しながら進行する

会議冒頭で告げたとおりの時間割で会議が進行しているかは、必ず意識しましょう。また、参加者が時間を意識できるような環境にしておくことも重要です。「大きな時計を置いて時間が目につくようにする」「ある時刻になるとアラームが鳴るようにしておく」な

ど、いろいろな方法があると思います。

意見が対立し、予定していた時間をすぎたのに決定のプロセスに進めない場合は、「時間になってしまいましたが、今までの議論を踏まえて決定の方向に進むのか、それとも今回は議論に終始するかを決めましょう」といった形で、いったん整理する必要があると思います。この場で決定するには、材料が不足している場合も少なからずあるからです。

余談ですが、アマゾンの通常の会議はほぼ1時間設定です。そして、早く終われば終わるほど良いと考えています。2時間以上の会議はあまりありません。個人的経験からも、休憩なしで2時間の会議を行うのは非生産的です。

逆に、しっかりと議論を重ねて結論を出す会議などは、1泊2日の合宿形式で行う場合などもあります。「なんとなく2時間」といったダラダラ会議は、アマゾンには存在しないのです。

3 参加者の発言を促す

会議に招集する時点で、「何を期待するのか?」を各参加者にあらかじめ伝えておきましょう。

また、会議の冒頭などに「皆さんの積極的な発言が良い結果を生むので、発言どんどんよろしくお願いします」と伝えておきます。

そして、会議の場では「○○さん、この点についてはどう思いますか」と、必要な場面で必要な相手に発言をお願いしましょう。

4 会議の主旨に応じた空気をつくる

会議の目的は、「決定する」「アイデアを出す」などさまざまです。

「参加者から自由で面白いアイデアを出してもらいたい」「もやもやとした思いがうまく形にできないので専門知識を持ったメンバーに知恵を借りたい」といった場合は、なごやかで少しリラックスした雰囲気づくりや、誰かが出したアイデアを否定しないといったルール設定や、アイデアをカラフルなフセンにどんどん書いて参加者に見えるように貼っていくといった進め方など、いろいろな工夫が考えられます。

5 適宜整理しながら、抜け漏れなどないかを確認していく

会議の節目で、「ここまではこういうことで良いですよね？」といった確認をとりながら進んでいくことが重要です。また、「この部分については大丈夫ですか？ 特に異論は

ないですか?」といったことを確認することも必要です。

いくら「積極的に発言してほしい」とお願いしても、腑《ふ》に落ちない感じがあれば、人は無言になり、表情に表れます。そのあたりは、参加者の表情を読みながら進める必要もあるでしょう。

6 当初の目的と結果とをすり合わせ、会議後の役割や行動を確認する

会議の最後には、会議の目的を達成できたかどうかを検証します。そして、もしも足りない部分があれば、いつまでにどのような方法で目的を達成するのか、決める必要があります。

また、余裕があれば会議後の次のアクションも確認したいところです。参加者全員に「この会議の直後に行うアクションは何になりますか?」と聞き、回答してもらうと、個々で次にやることが明確になり、参加者同士で共有もできます。参加者の前で宣言することにより、行動の先送り・先延ばしを防止する効果も生まれます。

議事録の作成など、会議後に発生する役割についても確認しておくと良いでしょう。

ファシリテーターは、1~6のような点に留意しながら会議を進めましょう。

もっとも大切なのは、「この会議の終了は1つの『小さなゴール』である」という意識です。仕事を前に進めるための生産的な会議にしたいですね。

スピード仕事術29

結局、プロジェクトの当事者が会議を仕切るのが、いちばん早い。

30 amazon way ファシリテーターが身につけたい実践テクニック

前項で会議の進行役であるファシリテーターについて触れましたが、ここでもう少し話を進めます。

アマゾンでは、世界中の幹部社員のために約2週間の合宿形式でリーダーシップ研修を行っています。そこで私は、ファシリテーターが会議の場でどのように振る舞えば良いのかを学ぶことができました。

特に印象に残っているのは、講師が言っていた「バルコニーの上から見なさい」という言葉。ファシリテーターにとって非常に重要な視点なのだそうです。

ダンスホールでたくさんの人が踊っているようすは、一緒にダンスをしながら見るのでもなく、横から見るのでもない。少し高い位置から全体を見渡すのがいちばんよく見えます。会議の進行も同じで、バルコニーから俯瞰して眺めなさい――ということなのです。

参加者と適度な距離感を保ち、かつ参加者とは異なる視野や視点を持っていることが、ファシリテーターには重要なのです。

「場をリードする」という言葉だけを聞くと、自分がたくさんしゃべり、場を盛り上げていくように感じてしまいます。けれども私は、参加者の意見を引き出すのがうまい人が、良いファシリテーターだと感じています。

アマゾン時代、参加者が話しやすい空気をつくるために行っていたことの1つは、「よく話してくれる人に口火を切ってもらう」ということ。最初に話す人が積極的で前向きな意見を出してくれると、場が暖まり、それがその会議の〝初期設定温度〟となります。そして、その後の意見が出やすくなるからです。

★議論の温度調整も、ファシリテーターの重要な役割

一方、議論が白熱して、場が暖まりすぎてしまうこともあります。この場合は、〝場の温度〟を少し下げなければなりません。〝温度コントロール〟も、ファシリテーターの重要な役割なのです。

では、議論が白熱し、なかなかまとまらない状況に陥ったとき、ファシリテーターはどうすればいいのでしょうか？

アマゾン研修で私が教わり、その後実践してきたテクニックは、「立ち上がり、ホワイトボードに意見を書いていく」です。

立ち上がるという動作が、非常に大きな効果を発揮するのです。

日本人のビジネスパーソンは「会議中に立ち上がるなんて」と思うかもしれませんが、アメリカ系の企業ではよく立ち上がります。

立ち上がると、白熱した議論をしていた参加者の視線はどうなるでしょうか？　一瞬だけ、ファシリテーターのほうを向きます。この一瞬が、〝場の温度〟を少し冷ましてくれるのです。

そうやって〝場の温度〟を少し下げたところで、ホワイトボードに話の内容を書いていきます。そして、書きながら「〇〇さんはこういう意見ですよね。合っていますか？」「一方、××さんはこういう意見ですよね？」といった形で、参加者と共有する形で内容を整理していくのです。

ファシリテーターも、立ち上がれば、座っている参加者を少し上から眺めることができます。まさに「バルコニーの上から見る」状態になれるのです。
アマゾンのリーダーシップ研修で学んだのは、「フィジカル（肉体）を効果的に使おう」というもの。立ち上がる、身振り手振りを使う、うなずく……さまざまな動作が与える視覚効果をうまく使いましょう。

スピード仕事術 ★30

議論の〝快適温度〟をに調整しながら会議を進める。

31 amazon way

「成長機会」としてのミーティング

アマゾンでは、ビジネスオーナー（アイデアの起案者）が会議を仕切っていきます。何度も繰り返すことにより、会議を仕切る技術はどんどん上がっていきます。

とはいえ、最初から誰でもうまくできるわけではありません。外科医が執刀経験を積まないとうまくなれないように、営業パーソンが取引先に何度も説明をしないと流ちょうにしゃべれないように、会議を実際に仕切る経験が必要なのです。

そこでマネージャーは、会議を仕切った経験がない、もしくは浅い部下に場数を踏ませるために、ミーティングを任せる機会を意図的につくります。「次のミーティングは、君がオーナーとして会議を招集し、進行してください」と依頼するのです。場合によっては、「自分がオブザーバー（観察者）として会議に同席するから大丈夫。困ったことが出てきたらサポートもするから」といった形で委ねるわけです。

アマゾンでは、振り返りを非常に大切にします。オブザーバー（観察者）として会議に同席した場合も、あるいは同席しなかった場合も、基本的には必ず「その会議はどうだったか？」をマネージャーと部下で振り返り、「どうすればもっと良くなるか？」を話す機会を持ちます。会議の仕切りについても、ＰＤＣＡサイクルをしっかり回し、成長につなげているのです。

★アマゾンが部下の育成を重視する2つの理由

このようなアマゾンの部下育成の話をすると、「アマゾンって一人ひとりが独立しているというか、もっとドライな会社だと思っていました」という反応をよくもらいます。

事実、アマゾンという会社は、部下の育成を非常に大事に考えている企業だと思います。

それは、なぜか？

1つは、**そういう企業理念を持っているから**です。

ＯＬＰ（リーダーシップ理念）の第6条に**「Hire and Develop the Best」**という一文があります。そして解説文には、優れた才能を持つ人材を見極め、組織全体のために進んで人材を活用します。リーダーはリーダーを育成し、コーチングに真剣に取り組みます。

とあります。リーダーの役割はリーダーを育成することであると明確に謳っているのです。

ちなみに、アマゾンの人事採用面接は「今のアマゾンをさらに成長させてくれるかどうか？」を基準にして行われています。つまり、今の自分たちにはない能力を持った人や、今の自分たちよりも優秀な人を探しているわけです。そして、そんな人を迎え入れ、さらに成長させるリーダーが高い評価を受けるのです。

「自分よりも優秀な人間が現れたら自分はいらなくなってしまうのではないか？」――ということに恐怖や不安を感じるビジネスパーソンも多いのではないでしょうか？　その潜在的な恐れが、優れた人を採らない、部下を育てないという方向に向かわせてしまいます。そして、結果として企業の成長を阻んでしまいます。

部下を1人でも持ったら、その時点からマネージャーの役割を果たす必要が出てきます。その役割は、部下に勝つことではなく、部下を成長させること。「部下全員が自分よりも優秀だ」と自他ともに認められる状態をつくれたら、最強のマネージャーだと言えるのではないでしょうか。

さて、アマゾンが部下の育成を重視するもう1つの理由ですが、非常に現実的なものです。

それは、**部下が成長してくれないとビジネスが回っていかないから**です。

アマゾンは、1年に20％以上の成長を続け、「5年後には現在の2・5倍の規模」になってしまう会社です。そのスピード感についていくには、部下が成長してくれないと絶対に無理なのです。部下が一人前になり、リーダーシップをどんどん発揮して、ビジネスを前に進めてくれるのがもっとも効率的なわけです。

ですから、アマゾンの社員には、部下が育ってくれて「助かる」という思いはあっても、部下が育ってくれて「困る」「自分の居場所を失いそう」といった思いはあまりないのではないでしょうか。

中途入社してきた部下が非常に優秀な人材で、スピード昇進をして、自分の上司になったというケースは、会社ですから、もちろんあります。でも、そこに妬《ねた》みや嫉《そね》みが生まれる余地はあまりないように感じます。

そういう意味で「成長スピードが速い企業」は、

・**人材が成長しやすい環境**

であり、

・**足の引っ張り合いが生まれにくい環境**

だと言えるのではないでしょうか。

スピード仕事術 ★31

部下育成は、「機会」と「振り返り」のセットではじめて成長する

32 amazon way 文書は「1ページ」か「6ページ」でつくる

アマゾンの会議では、パワーポイントを使いません。そこにはいくつかの理由があります。

1 「パワポ使い」の巧拙によって、参加者の受ける印象が変わってしまう

パワーポイントは、プレゼンに使いやすいソフトです。スライドショーモードを使って、プレゼンのタイミングに合わせてページをめくることもできますし、アニメーションを使ってグラフなどを印象的に見せることもできます。

こういった機能を駆使し、タイミングよく、メリハリをつけてプレゼンを行えば、参加者たちは「素晴らしい」と感じるでしょう。一方で、さまざまな機能を使いこなせず、黒1色でつくられた資料でプレゼンをすれば、参加者はあまり良い提案だと感じないでしょ

う。その結果、「提案内容そのものが素晴らしいのかどうか?」がわかりにくくなってしまいます。

2 箇条書きばかりの資料は、後日読み直すとよくわからない

プレゼンテーターは、パワーポイントの行間を埋める形で話をしていきます。例えば、パワーポイントのあるページに「今回のプロジェクトがもたらす3つのメリット」と題して3つ箇条書きされていたとします。3つを端的にわかるようにしておき、一つひとつの詳細説明は口頭で行うわけです。会議の場では、この「ポイントだけパワポ、詳細は口頭」という棲み分けは非常にわかりやすい説明として定着しています。

ところが、後で資料を読み直すと、大きな問題が起こります。内容がよくわからないのです。会議ではプレゼンテーターが行間を補ってくれていたから理解できただけ。人間の記憶力は曖昧なので、プレゼンテーターが何を言っていたのかも思い出せないのです。

そして、これこそがまさにアマゾンで「パワポ資料禁止令」が出た理由でした。禁止令を出したのは、他でもない、CEOのジェフ・ベゾスです。

★ジェフ・ベゾスが箇条書きを禁止した！

パワポ禁止令が出たのは、2006年くらいのことだったと思います。それまではアマゾンでも会議の際にパワーポイントを使っていました。

ところが、あるとき、ジェフ・ベゾスが以前行われた会議のパワポ資料を読み直し、「こんな資料じゃ何を言いたいのか、よくわからないじゃないか！」と激怒してしまったのです。

彼は社内会議などで1週間に何十もの報告を受ける身ですから、いちいちすべてを覚えていられるわけはなく、激怒したのも無理はありません。「パワーポイントのアニメーションづくりなんかに時間をかけるな！ すべて文章形式で書くように！ その資料を読んだだけで内容がわかるようにすること！」となったわけです。

結果、アマゾンの会議では、箇条書き形式が廃止されました。

その後、さまざまな資料は、箇条書きではなく、文章形式で書いています。グラフなどをカラフルで見やすくする必要もありません。むしろ、事実をわかりやすくまとめることが重視されます。

資料は参加者分をプリントアウトして、ホチキスで留め、会議の場で、紙で配られるので非常にアナログなスタイルに戻ったと言えます。

ただし、文章形式だからといって、ダラダラと何枚も何十枚も書いて良いわけではありません。「1ページャー」と呼ばれる1ページ形式か、「6ページャーズ」と呼ばれる6ページ形式のどちらかで資料を作成するのが基本です。

1 ビジネスドキュメントの大半は「1ページャー」で作成

簡単な企画書や報告書などは、基本的にA4サイズ1ページでまとめます。アマゾンで閲覧される資料のほとんどは1ページ形式です。

トラブル発生に関する報告書の場合、「何が起きたのか?/どういう背景で起きたのか?/どのような対策をとるか?（暫定対策と恒久対策）」などを1ページでわかりやすくまとめます。事実を具体的に書くことが重要です。

グラフや表を付記したい場合は別添し、枚数にカウントしません。

なお、文章の合間にグラフなどの図版が掲載されている資料は、アマゾンでは「文章が読みにくくなる」という理由で禁止となっています。

2 年次予算やプロジェクトは「6ページャーズ」で作成

年次予算、事業計画書、新事業の企画書、大がかりなプロジェクトの提案書などは、A4サイズ6ページでまとめます。

プロジェクトの提案書の場合、「プロジェクトの概要／財源／目標とする指標」などを簡潔にまとめます。

6ページャーズの場合も、1ページャーと同様にグラフや表などは別添とし、枚数にカウントしません。

★会議のベストは誰も喋らず終了すること!?

アマゾンの会議冒頭は〝沈黙の時間〟が続きます。それは、会議の参加者が1ページャーまたは6ページャーズの資料を読む時間だからです。

参加者は、着席するなり、デスクの上に配布された資料に静かに目を通し始めます。沈黙は、1ページャーなら5分ほど、6ページャーなら15分ほど続くでしょうか。アメリカのスタッフとネット回線をつないで会議をすることも多いのですが、日本でもアメリカでも、しばらくの間はA4のコピー用紙をめくる「サッ」という音だけが会議室に響くのです。

折り合いを見て、会議の進行役が「読み終わりましたか?」と参加者に投げかけをし、OKならば話し合いが始まります。

話し合いは、資料に対しての質疑応答形式で行われるのが基本です。「1ページ目で質問ある人はいますか?」という投げかけに対して、

「2行目の文章は、どういう意味ですか?」

「5行目に関してはどんなふうに考えているの?」

といった質問を受け、資料の作成者(ほとんどの場合はビジネスオーナーである会議の進行役)が説明をしていきます。最終ページまで質疑応答を続け、質問がなくなった時点で会議は終了となります。

余談ですが、アマゾンにおける理想の会議は「ほぼ無言で終わる会議」です。

「えっ、無言で終わる会議？　意見も出ず、議論もしない会議の何が良いの？」と思う方もいるかもしれません。本書で「参加者の誰かがしゃべらない会議などあり得ない」と言っていたくせに矛盾するじゃないかと感じる方も多いでしょう。

でも、そんなことはありません。

なぜなら、会議がほぼ無言で終わるのは、「絶賛の証」だからです。くだけた言葉で表現するならば、「突っ込みの余地がないほど完璧な資料だった」ということなのです。


「1枚目、質問はありますか？」

「何もなし」

「2枚目、質問はありますか？」

「なし」

と続いて、最後まで参加者から「なし」のまま終わる——。それは抜け漏れなくよく考えられた賛同できる内容だったということなのです。

会議がこのように進むと、参加者から「ウェルダン！」と言われ、全員の拍手で賞賛されます。私も何度かこのような場に立ち会ったことがありますが、会議のあるべき姿の1つのように感じます。

スピード仕事術★32

資料のつくり方次第で、参加者の負担も軽減され、会議のスピードも上がる。

33 amazon way プロジェクトは小さく始める

新規事業や新規取引など、新しいプロジェクトを始める場合、アマゾンでは必ず小規模な試験運用から始めます。

仮に、あるジャンルの飲料の取り扱いをアマゾンで開始したいと考えたとします。そのジャンルの飲料を販売しているメーカーが全国に100あり、各メーカーとも10商品を扱っていたとします。

つまり、

「100メーカー／1000商品」

あるという仮定です。

この場合、アマゾンはどんな考え方をするのか？

いきなり100メーカーと契約を結び、1000商品を扱い始める……ということは当然ながらしません。新しいジャンルの飲料を扱うことで、実際にどのような問題が生じるかわからないからです。

そこでまずは、1社ないしは2社と契約を結び、10商品ないしは20商品程度で取引を開始してみます。そこで出てきた問題があれば解決策を見出します。

次に、取引先を10社に増やして問題点があれば解決し、さらに取引先を50社に増やして問題点があれば解決し……ということを繰り返しながら、最終的に100社との取引を実現するのです。

アマゾンでは、このような進め方を「エンベロープを広げる」と表現していました。エンベロープとは封筒のこと。封筒を中身に応じて少しずつ大きくしていくように、うまくいったらまた少し、うまくいったらまた少しと事業規模を拡張していくのです。慎重で時間のかかるやり方のように見えますが、絶えずPDCAサイクルを回しているので、まず大失敗を回避できます。大失敗は、結果として時間のロスを招きますし、撤退という事態を招く危険性もあります。「小さく始める」は、中長期的に考えるともっとも効率が良い方法なのです。

また、「小さく始める」は、確実に成長できる方法でもあります。少しずつ上のステップを目指すため、現場で「それはさすがに無理だ、無茶だ」という感覚が生じず、自分たちが何をなすべきかも具体的にわかるため、現場の人間たちはスピード感のある行動ができます。

★点から線へ、線から面へと広げる

なかには、「取引先が100社あるのなら100社と契約するのが当然だ」と考え、テストもせずにいきなり大規模に開始してしまう企業もあるのではないでしょうか？　その結果、さまざまな問題が生じたり、現場のオペレーションが回らなかったり、もろもろの対応に追われたり……といった事態に陥り、100社との契約どころか事業をスタートできなかったというケースも多いと思います。

ですから、オススメしたいのは、「とにかく慎重に小さなところから始めて、少しずつ広げていく」ことです。「小さく始めてみる→問題なくいける→少し広げてやってみる→問題なくいける……」というサイクルを積み重ねて、大きな目標に到達するのが良いでしょう。

慎重にテストを繰り返して50社に到達し、「１００社に増やしても問題ないだろう」という判断ができるレベルになったとしたら、一気に取引先が2倍になります。

言うなれば「点が線になり、線が面になり……」といった広がり方です。

ここに、アマゾンが周囲から「高速で事業を展開している」と見なされる真の理由が隠されているように私は思います。「少しずつ封筒を大きくする」感覚なので、アマゾンの現場ではそれほど無理や無茶も生じていません。けれども、問題なしと判断した時点で事業規模を一気に2倍に拡張するわけですから、周りの人の目には恐ろしいスピードで進んでいるように映るはずです。

ちなみに、アマゾンでは、テストを繰り返しながら慎重に進んではいきますが、大きな目標を修正することはありません。リテール（小売り）に関しては「地球最大の品揃え」を謳い、この世に在庫がある限り、アマゾンで販売するという基本姿勢を持っています。

ですから、さきほどの「１００メーカー／１０００商品」の例で言えば、始まりは1社ないしは2社でスタートするかもしれませんが、「最終的には全メーカー＝１００社と取引をする」という目標は当たり前のように社員で共有されています。

たとえ目標達成までの途中で問題が立ちはだかっても、絶対に解決不能、絶対に実現不可能となるまではあきらめません。

そういう意味で、アマゾンは非常に愚直な会社です。ジリジリと休むことなく粘り強く進んで、点、線、面と広げていき、結果として他の追随を許さない存在になっている――というのが正しい表現かもしれません。

★たった1つ増やすことで物事が複雑化する場合もある

余談になりますが、今まで1つだった倉庫（FC）が2つに増えることで、商品の入出荷オペレーションは、1つだけだったときとはケタ違いに複雑になります。検討しなければならない要素が飛躍的に増えるからです。

例えば、今まで東京だけにFCがあったとします。ところが最近、大阪にFCが新設されました。

すると、今まで頭を悩まさなくてよかった、さまざまな要素が出てきます。

「東京と大阪の中間地点にある区域はどちらから発送したほうがいいか？」

「東京寄りの区域であっても、交通網の整備具合によっては大阪から発送したほうが良い区域があるのでは？」

「お客様が3つの商品を注文して、2つが大阪のFCに、1つが東京のFCにある場合はどのようにすれば運賃などの経費をもっとも安く抑えられるか？」

「東京と大阪のどちらかで必ず『在庫あり』の状態を維持するためには、各商品どれくらいの在庫数量を確保しておけば良いのか？」

など、ジリジリと休むことなく粘り強く検証を進め、このような課題を一つひとつ解決していくことで、初めて次の局面が見えてくるのです。

★メジャー・オブ・サクセスを積み上げる

アマゾンでは「メジャー・オブ・サクセス」を非常に大切にしています。日本語にすると「成功の基準」になると思いますが、これらはすべて数字で具体化されています。

前項で「点から線へ、線から面へ」というお話をしましたが、アマゾンでは、「どのような数字を達成したら、点展開だったプロジェクトを線展開するか？」

「どのような数字を達成したら、線展開だったプロジェクトを面展開するか？」といった成功の基準があらかじめ決められているのです。

さきほどの「100メーカー／1000商品」の例を再び挙げれば、「2社と実際に取引をしてみて（点展開）、オペレーション上の問題点が2％以下になったら成功と見なし、次は10社と取引を開始する（線展開）」といった具合です。

この基準があらかじめ決まっていることは、プロジェクトを進めるうえで非常に重要です。現場の人間が何をクリアすればいいのかが明確なので、迷いや脱線がなくなるからです。

ところが、事前に「成功の基準」を設けている企業は、意外と少ないのではないでしょうか。「最近手応えを感じるので、思い切って広げていこう」といった曖昧表現で次のフェーズに移るかどうかの議論をしているとしたら、それは基準がない、またはあっても共有されていない証拠です。

成功の基準を事前に設けていなかった企業は、基準を決めてからプロジェクトを開始すると、現場にスピード感が生まれるでしょう。

スピード仕事術★33

スモールスタートこそ、いちばん速く、いちばん遠くへ行く最良の方法。

第5章

最高のスピードを生む組織・人材づくり

34
amazon way

組織と情報のヒエラルキーはスピードの敵

アマゾンには、「ピザ2枚ルール」と呼ばれる、プロジェクトチーム編成の考え方が存在しています。これは、CEOのジェフ・ベゾスが2002年に示した組織編成の重要な考え方です。

組織が巨大化すると、「なかなか決められない」「決めてもすぐに動けない」といったジレンマを抱えることになります。ジェフ・ベゾスは、組織の在り方についても先進的な考え方を持つ人間でした。アマゾンが巨大化するにつれ、自身の会社もこの悩みに直面することになりました。そして、すでに90年代の終わり頃には「ヒエラルキー（階層）型の組織では、めまぐるしい市場の変化に対応しきれない」と気づいていたのです。

では、この問題を解決するにはどうすれば良いのか？　特にテクノロジー開発など仮説と検証を繰り返しながら「誰も知らない答え」を追求する分野においては、「自律的な実働部隊だけがあれば良く、実働部隊を管理する人間はいらない」と考えたのです。

そして、ジェフ・ベゾスは、1つのアイデアを思いつき、社内にその仕組みを導入しようとしました。それが**「『ピザ2枚チーム（トゥー・ピッツァ・チーム）』で全社を再編する」**というものです。

「ピザ2枚」とは、「ピザ2枚で全員のお腹を満たせる程度の人数」という意味です。実際の人数でたとえるなら5〜6人程度、多くても10人未満といったイメージです。

1つのプロジェクトに関わる人数が10人を超えると、必然的に「管理する人間（上長）―実働する人間（部下）」というヒエラルキー型の編制になってしまいます。上下関係ができてしまえば、何か問題が生じたときに部下は上司に判断を仰ぐことになります。上司が預かり、問題の対処について協議し、部下に伝え、部下が行動する。それでうまくいかなければ、再び上司が預かり、問題の対処について協議し、部下に伝え、部下が行動する……。「それでは圧倒的に遅すぎる、チームのメンバーがその場でジャッジし、次の行動に移れなければ意味がない」とジェフ・ベゾスは考えました。そして、いちばん効率よくスピーディーに動けるのが、「ピザ2枚」程度のチームなのだ――というわけです。

現在、「ピザ2枚ルール」は、開発チームの組織編成の際に機能しています。法務部門や財務部門などには適用しづらかったこともあり、全社的な普及には至っていません。なお、開発部門はアメリカのシアトルに集約されているため、アマゾンジャパンにも「ピザ2枚ルール」は特に存在していません。けれども、「社員の自律的行動を妨げるヒエラルキー型の組織をつくらないように注意しよう」という意識は、世界各国のアマゾンで常に共有されています。

★メールの一斉送信でヒエラルキーの壁を壊す

日本の企業では、「情報を得ることが職位の権限」という考え方が根強くあるように感じます。「これは部長さんじゃないと手に入らない情報です」「これは課長じゃないと聞けない情報です」といった情報が存在しているわけです。

アマゾンには、このような考え方がありません。「情報にヒエラルキー（階層）を持たせない」という考え方をするのです。

もちろん、会社の株価に重要な影響を与える事実を事前に知ったうえで自社株を売買すればインサイダー取引の罪に問われます。そうならないように「この情報は、このタイミングまでは一部の経営者だけの公開にとどめよう」と配慮することはあります。

そういった特別な状況以外の、業務を遂行していくうえでの情報であるにもかかわらず、一部の人だけが握っていればいい情報などない——と見なしているのです。

情報の階層をなくし、関係者に情報の横展開するのに活用されているのが、メールアドレスの登録者に一斉送信が可能なメーリングリストです。これで情報公開すれば、部長も、課長も、係長も、一般社員も、全員が同じ内容を目にすることができるわけです。

部長だけが知っている情報を、課長が忖度しながら係長に下ろし、それを係長がまたた忖度しながら若手に伝える——といった伝達の方法は、スピード感に欠ける、曲解される危険性がある、伝達されない可能性がある……など、なんのメリットもありません。

ただし、メーリングリストの場合、両刃の剣であることを念頭に置いて活用したいところです。あまりにも多くのプロジェクトのメーリングリストに登録してしまうと、膨大な数のメールを受信し、読むことだけに追われてしまい、重要な情報を見逃してしまう可能性が高くなるからです。そうならないよう私は、ある程度の見通しが立ったプロジェクトのメーリングリストはメールアドレスの登録解除をお願いし、外れるようにしていました。

★アマゾンは全世界レベルでヒエラルキーがない！

ちなみに、アマゾンには**「データウェアハウス」**と呼ばれるデータベースが存在し、社員なら誰でもアクセスが可能です。

アマゾンの本番用サーバーとは異なるデータベース専用サーバーで、アメリカのほうで毎日データの移行をしていて、社員たちは移行後のデータ、つまり「昨日までのデータ」が見られる仕組みとなっています。世界中のアマゾンのすべての商品について閲覧可能で、自分の知りたい項目だけをドラッグ＆ドロップで簡単に引っ張り出せるのです。

自分たちの現場で通常とは違う動きがあったものの、その原因がわからず、データを解析したいなと思う時などに非常に役立っています。

「情報にヒエラルキー（階層）を持たせない」という考え方を、全世界レベルで徹底しているわけです。

ただし、氏名やクレジットカード番号などお客様の個人情報は一切見ることができません。また、情報を閲覧後に自社株を売買すればインサイダー取引に抵触する可能性があるので、それを防ぐための仕組みも設けられています。

また、マネジメント職に就いている人間にも、「重要な情報をできるだけ早く伝えよう」という意識が徹底されていました。

私が倉庫（FC）のセンター長をしている頃は、ジェフ・ベゾスの記者会見の内容をFCで働く社員に伝えていました。ジェフ・ベゾスの記者会見は、四半期の業績発表の後に行われます。日本時間の朝4時頃から始まるのですが、直後に記者との質疑応答の内容が英文メールで送られてきます。この四半期の結果、次の四半期の目標、長期的ビジョンやジェフ・ベゾスの経営理念がよくわかる箇所など、主要部分を抜粋してすぐに日本語に訳し、朝礼などの機会を利用して社員にシェアしていました。

★必要最低限の階層で組織を構成する

39ページにアマゾンの組織図を掲載しましたが、アマゾンは他の大企業に比べるとかなり組織階層が少ない企業だと思います。これもアマゾンの決断と行動のスピードを生む、非常に大きな要因になっていると思います。

私は、アマゾンジャパンのオペレーション部門のディレクターという肩書き拝命していました。その上にはVP（ヴァイス・プレジデント／世界各国のアマゾンの社長にあたる）、その上にSVP（シニア・ヴァイス・プレジデント／各部門の最高決裁者でシアトルにいる）、そしてCEOのジェフ・ベゾスがいるだけです。必要最低限の階層である分、決裁権も非常に明確です。

日本の場合であれば、社長がいて、副社長がいて、専務がいて、常務がいて、平取締役がいて、理事がいて、事業部長がいて……部長に至るまでに8階層も9階層もあるという組織もあり、場合によっては決裁権も曖昧なままになっている組織もあるようです。また、課長代理、主任など、業務範囲のわかりにくい肩書きもいくつか存在しています。

また、アマゾンでは基本的に「1つ上の上司が人事権を持っている」ということが徹底されています。

日本の企業の場合、そうではない場合が多いのではないでしょうか。例えば、部長―課長―係長がいたとして、係長の直属の上司は課長なのに、査定などの人事権はさらにその1つ上の部長が持っているといったケースです。

アマゾンでは、このようなことがありません。なぜなら、いちばん近くで見ている上司がその部下をサポートしなければ意味がありませんし、いちばん近くで見ている上司がその部下を評価するのがきわめて自然だからです。

係長に対する人事権のない課長は、どのように動くことになるでしょうか？　いろいろと忖度しながら係長の評価を部長に伝えなければならなくなります。

また、係長の人事権を持つ部長は、仮に課長の指示どおり動いた係長がミスを犯した場合であっても、「何をやっているんだ」と課長を飛ばして叱責することができてしまいます。これでは、課長の存在意義がなくなります。そして、係長は「結局、課長の指示ではなく、部長の指示を聞かなければならないのか」と困惑します。組織が混乱してしまうのです。

実際アマゾンでは、上長が1つ下の部下の給与を決める権限を有しています。また、仮にいくつか下の部下がミスを犯し、注意する必要があったとしても、上長は必ず1つ下の部下に注意します。こうしたことを徹底し、上司―部下の関係性をシンプルにしているのです。

「とにかくヒエラルキー（階層）をつくらない」という観点で、組織編成のしかた、情報共有のしかたを見直してみましょう。

組織編成を変更するのはなかなか難しいかもしれませんが、メーリングリストの活用による情報共有などは、すぐに始められると思います。

スピード仕事術 34

情報のヒエラルキー（階層）、組織のヒエラルキー（階層）を1つでも減らせる方法はないか考える。

35 amazon way アマゾン流「1 on 1」

アマゾンのマネージャークラス以上の上司は、通常業務の一環として、「1 on 1」と呼ばれる1対1面談を部下と行います。

いくつかの注意点はあるものの、1対1面談は、世界中の成長企業が導入している、もっとも強力かつ、チーム単位ですぐに始められるコミュニケーション方法の1つです。

アマゾンでは、上司によって若干異なりますが、1週間に一度ないしは2週間に一度の頻度で、1人30分ほど。事前に部下とスケジュールを確認して日時を決め、ミーティングルームなど、個人のプライバシーが保たれる空間で行います。

まず、テーブルに着席の際は、対面ではなく、L字になるように座ります。そのほうが、お互いがリラックスした雰囲気で話ができるからです。そして面談は、上司のための時間ではなく部下のための時間なので、上司は傾聴の姿勢に徹します。「聞いて引き出す」ことが重要なのです。

話す内容は、3つに大別できます。

1 進捗確認

目標に対して現状はどうか、現状の要因となっているものは何か、目標未達の場合はどのような施策で目標を達成していくつもりかなどを話し合います。

2 リーダーシップ理念で活動できているか

OLP（リーダーシップ理念）の14ヵ条に即した行動ができているかどうかです。部下自身の行動についてはどうか、チームにどのような方法で浸透を図ったか……などについて聞きます。

3 悩みごとの相談

職場の人間関係、家族のことなど、現在の悩みごとなどの確認も行います。悩みごとを抱えていれば、表情などに表れます。私も、そのような際は、「元気がないね。何かあったの？」などと聞くようにしていました。

そこで例えば「実は妻が病気になってしまい、子どもを保育園に迎えに行かなければならなくて……」という話が出てきたとします。上司は、156ページでも述べたとおり「人、モノ、金、時間」の4つのリソース（資源）を持っているわけですから、状況に応じて部下を早く帰らせたり（「時間」のリソースを使う）、本人に了解をとったうえで別の部下に事情を説明し、手伝ってもらうようにする（「人」のリソースを使う）対処をする必要があります。

仮に10人の部下に週1回30分の面談を行う場合、1週間のうち5時間を費やすわけですから、上司はかなりの時間を割くことになります。けれども、部下との1対1面談は、費やす時間以上に大きな価値をもたらします。

まず何よりも、1対1面談は上司の仕事そのものだという考えがアマゾンにはあります。上司の仕事はチームとしてのゴールを達成することで、ゴールを達成するのは自分ではなく部下なのです。部下が動いてくれなければ、チームのゴールは絶対に達成できません。

そのためには部下が１００％の力を発揮できる環境をつくることが大切で、部下の抱えている悩みや苦しみや問題点をきちんと聞いておかなければ、それらを取り除くためのサポートができないのです。

ただ、たくさんのメンバーがいる場では、部下も悩みや苦しみや問題点を深いレベルまで語るのは難しく、聞き取りが難しいのが現実です。1対1面談は、労力の多いやり方のように感じる人もいるかもしれません。けれども長期的に見れば、全員に深いレベルの聞き取りができる、もっとも効率の良い情報収集の手段だと言えるのではないでしょうか。

★10分でもいいので、習慣化する

現在、「定期的な1対1面談を行っていない」という企業には、ぜひ導入をオススメします。

初めは30分ではなく、1人10分程度でも良いかもしれません。内容も、「今週の目標に対する達成度はどうか?」という進捗確認だけでもOKだと思います。

ただし、面談を行う上司には、いくつかの注意点があります。

1 面談をやると決めたら必ず行う

つまり、最優先事項にすることです。部下と予定を決めたのにもかかわらず、「ごめんね、いろいろ忙しくて今週はできない」と言ったら、部下はその言葉をどう受け止めるか。「あなたとの面談は優先順位が低いのだ」と告げられたようなものです。これは、さまざまな会社でよくある出来事で、部下をそのように失望させるくらいなら、初めからやらないほうが無難です。

2 人によって面談時間を変えない

悩みが深い人と長い時間をとりたくなるのはわかりますが、それであればいったん規定の時間で面談を終え、後日別の時間を設けて聞くようにします。「どのメンバーとも同じ時間で行う」と徹底することで、部下の心理的な平等感や安心・安全が保持されます。

3 本人の了解なく口外しない

さらにもう1つ。それは、面談で聞いた内容の守秘義務です。
上司として良かれと思って、他の部下に話してしまうのはやめましょう。本人にとっては「決して他人に知られたくなかった。1対1面談の場だったから、上司のあなただから話したのに……」ということがあるからです。例えば、「最近、体力が落ちてきたのでスポーツクラブに行っている」という話を聞いたとします。それを朝礼などで「〇〇さんは最近スポーツクラブで頑張っているんだぞ」などと言ってしまったとします。ところが、〇〇さんにとっては、同僚に知られると恥ずかしいことなのかもしれないのです。

ですので、面談で聞いた話は自分の中だけにとどめる。そして、誰か特定の人のサポートが必要だと感じ、協力を仰ぐ必要があると判断した場合、事前に「誰々にこのことを話して協力をお願いしようと思うんだけどかまわないかな？」と聞き、了解をとったほうが賢明です。

スピード仕事術 35

1 on 1を習慣化することは、部下が仕事で100％の力を発揮する強力なツールとなる。

36 amazon way

メール、電話、チャットの使い分け

アマゾンでは、情報共有を効率的に進めるために電子メールとチャットを使い分けています。メールにはメールの、チャットにはチャットの良さがあるからです。

補足のために書いておきます。チャットとは、コンピューターネットワーク上のデータ通信回線を利用したリアルタイムコミュニケーションのこと。英語で「Chat」は「雑談」という意味で、まさにちょっとした会話をするのに適しています。

1 電子メール：かしこまった場合以外は極力使わない

電子メールがビジネスで活用されるようになってから、電話やファックスなどでやりとりをしていたそれ以前と比較して、コミュニケーションは劇的に効率化されました。

ところが、そんな電子メールでも、使い勝手が悪いと感じることがあります。

1つは、検索機能の弱さです。アマゾンでは、メーリングリストを頻繁に使うこともあり、1日に受信するメールの数が膨大でした。ところが、検索機能があまり優れていないため、読み直したいメールを探し出すのが非常に難しいのです。私がアマゾンにいた当時は、「過去に同じような出来事が起きていないか？」などが知りたくて検索するものの、なかなか探せないということがよくありました。

もう1つは、文面です。「ビジネスメール＝ビジネスレターの電子版」という解釈があるため、取引先には「いつもお世話になっております。」、社内であっても「お疲れ様です。」といった枕詞を付ける必要があります。内容を締めくくるには「ご確認・ご検討のほどよろしくお願いいたします。」といった一文も必要です。スピードという観点からすると、このような文章を加えるわずらわしさを感じてしまいます。

ただ、そのような使い勝手の悪さはあっても、電子メールには「相手が都合の良いときに見ることができる」「ドキュメント（書類）として残すのに向いている」という大きなメリットがあります。やりとりの履歴を残しておきたい場合は、アマゾン社員もメールを使っています。

2　チャット：リアルタイムの会話ができるのでスピーディー

一方、チャットは、リアルタイムコミュニケーションのために開発されました。そのため、同僚や部下などと、

「○○の件、進捗は？」

「確認中です」

「了解」

といった、余計な文面の必要ない、まるで会話をするようにスピーディーなやりとりをすることができます。緑と赤のランプが点灯することによって、相手が現在ノートパソコンを見ているか（緑）、見ていないか（赤）がわかるのも便利です。

ただし、「ドキュメント（書類）として残す」という点においてはメールに劣ると思うので、特に履歴を残す必要のないやりとりはチャット、履歴を残したいやりとりはメールという使い分けをアマゾンではしていました。

余談になりますが、アマゾンでは「メールソフトは全世界共通」「使用するノートパソコンも全世界共通」です。採用の判断は、アメリカのアマゾン本社が一括で行っています。パソコンは、より良い取引条件を提示してきたメーカーと契約を結んでいたのだと思いますが、あるときはＤＥＬＬ、あるときはＨＰ（ヒューレット・パッカード）を使用していま

した。社員は1人1台ノートパソコンを所有しているので、契約が成立すれば、何万台もの売上になります。

★アマゾンでは、電話はほとんど使わない

ちなみに電話は、アマゾンでは社内のコミュニケーションツールとしてはまったくと言っていいほど使用されません。社内に電話がないのかと言えば、そんなことはありません。それどころか、1つのデスクの上に1台あり、すべて電話番号が違うので、デスクの主に直通電話がかけられるのです。にもかかわらず、ほとんどの社員が電話を使いません。電話をかけるメリットをあまり感じていないからです。

電話をかけても、本人がデスクに座っていなければ、つながりません。そして、かけてみなければ、つながるかどうかわかりません。チャットなら、今パソコンを見ているどうかがわかりますし、見ていない場合もとりあえず要件だけ送っておくことができます。アマゾンの社員は、デスクにいるときも会議室に向かうときも基本的にはノートパソコンを手放さないので、ほとんどの場合チャットのほうが連絡がつきやすいのです。

なぜ、電話を使わないのか？
最大の理由は「お互いの時間を奪う」という感覚が強いからだと思います。

電話は、相手の仕事の手を止めることになります。そして、こちらの要件を伝え、何らかのリクエストをすることになります。相手の仕事を中断するのも、自分の仕事を中断されるのもイヤなのです。

メールやチャットなら、受信した側に、いつどこで対処するかを決める自由があります。そのため、すきま時間を上手に使うこともでき、結果としてお互いの仕事の効率化につながるのです。

もちろん、今すぐ話さないとどうしようもないときは電話をかけます。そういう意味では電話は、もっとも緊急性の高いツールです。「電話がくるなんて、よほどのことなのだ」という緊張感が、アマゾンの社員にはあります。

また、取引先に対して電話を入れることは、アマゾンでも行っています。けれども、メールで要件を伝えた後、メールを頻繁に見ない相手なので念のため電話する——といった使い方が大半です。

紹介したメール、チャット、電話の使い分けですが、アマゾンの考え方が〝正解〟というつもりなどまったくありません。社風や社内のＩＴ環境などによって、〝正解〟は変わってくるからです。
「チャットなどの新しいツールを導入することで、より効率的なコミュニケーションがとれないか？」「電話などの従来からのツールの使い方を見直すことで、より効率的なコミュニケーションがとれないか？」というように、あくまで一考する価値があるという提案をするのが目的です。

スピード仕事術★36

電コミュニケーションツールの使い方を「効率」の面から見直す。

37 amazon way 権限を委譲する「任せる力」

アマゾンでは、「デリゲーション」という言葉をよく使います。日本語で「権限委譲」という意味です。

この反意語にあたるものの1つは、「囲い込み」ではないでしょうか。「これは部長の仕事だ。課長なんぞにやらせられるか」といった感覚です。よく中途採用面接の笑い話として「あなたは何ができますか?」「部長ならできます」というやりとりが挙げられますが、部長は「できること」ではありません。そのような答えをしてしまう人は、「これは○○にしかできない仕事」だと考え、なかなか手放せない傾向が強い人です。深層心理には、「この〝既得権〟を手放すと自分の存在価値を失ってしまう」という恐れや不安があるように思います。

もう1つの反意語は、「抱え込み」です。「アイツはまだ頼りない。任せるには早すぎる」といった感覚です。その結果、仕事がパンクしてしまう――というのはよく見られる光景です。

★権限を委譲すべき「2つの相手」

アマゾンの社員には、このような感覚は皆無です。自分の現在の仕事をできるだけ手放して、次のレベルの仕事に注力したほうが良いからです。

アマゾンのように次々と新しいビジネスを手がけていく企業の場合、最初に仕事が下りてくるのはビジネスオーナー（アイデアの起案者）です。その人にさまざまな仕事が集中します。それらの仕事を誰かにお願いできなければ、たくさん抱えたまま、すべて自分がやらなくてはいけなくなります。パンクしてしまうのです。

……などとかっこよさそうなことを書いてみましたが、実は私もアマゾンに入社してからパンクしそうになったことがあります。あれもこれもやらなければと思えば思うほど焦り、自分が何とかしなくてはと抱え込んでしまったのです。まさに「抱え込み」の典型例です。このときは、上司が相談に乗ってくれ、サポートしてくれたことで、抱え込んでいた仕事を仲間にお願いすることができました。

では、委譲する相手は誰か？　答えは2つあります。

1　部下↓委譲するとともに成長機会にする

今の仕事はどんどん任せて、自分自身はより経営に近い仕事を担ったほうがいいでしょう。そのスムーズなバトンパスが、会社の成長を生み出すのです。

また、権限委譲は、部下に成長の機会を与えることでもあります。

「肩書きだけ昇格し、実際の権限は以前と同じ人」
「肩書きは以前と同じだが、権限を与えられた人」

この2人では、どちらが成長するでしょうか？　私は間違いなく後者だと思っています。

部下に権限を委譲するのは、非常に簡単です。本人に「あなたに権限を委譲します」と伝え、関係者たちに「権限を委譲した」と伝えるだけです。

このとき「囲い込み」や「抱え込み」の感覚が強い上司が犯しがちな失敗は、「全部やっておいて」と言いながら、権限は自分が持ったままで手放さないお願いのしかたです。「全部やらなければいけないのに、いちいち上司にお伺いを立てなければいけない」という状況が、いかに仕事に対するモチベーションを下げるか——逆の立場で考えてみれば明らかです。

権限を委譲したら、後は任せる。部下の成長具合によっては「定期な進捗報告はお願いしたい」「困ったことがあればどんどん聞いてほしい」といった形で、最低限のルールを決めつつ、あくまでもサポートする立場で関わるのが良いと思います。

ただし、目標や方向性と照らし合わせて間違いが生じている場合は訂正する必要があるので、きちんと伝えなければいけません。その場合、私は1対1面談の場などを利用し、「この前、この仕事をやってほしいとお願いしたけれど、ちょっと意図している方向とは違う方向に進んでいると思う」と伝え、話し合いの中で修正を行ってきました。

上司と部下の権限委譲は、お互いにとってハッピーなものとなります。上司はその時間を使ってさらにレベルの高い仕事ができ、部下はより大きな仕事の充実感を味わえ、成長できるからです。

2 コンピュータ↓テクノロジーで解決できることを見極める

アマゾンでは、コンピュータがやってくれることはコンピュータにやってもらえば良いと考えます。例えば、レポートのグラフ作成。アマゾンのレポートのグラフは非常に美しく見やすいのですが、それは誰かが時間をかけてつくっているわけではありません。データベースの数字をもとに、コンピュータソフトが自動成形してくれるのです。

今後、「作業」と呼ばれる類の仕事は、コンピュータが行うようになるでしょう。そして、ＡＩ（人工知能）の発達により、人間が現在行っている仕事の大半は「コンピュータにやってもらったほうが、大量にできて、高速で、精度も高い」ということになるでしょう。

これからの時代、人間は人間にしかできない、知的創造性にあふれた仕事に従事するべきなのです。

そのためには、計算やデータ作成などのように現在すでに「人間でなくてもできる」という作業は、極力人間がやらないようにしましょう。そして、自動化できる仕組みや方法を考えましょう。そうでなければ、あっという間にＡＩ時代で取り残されてしまうでしょう。

スピード仕事術 37

部下に任せて、自分も部下も会社も成長する。コンピュータに任せて、他の仕事に時間を充てる。

38 amazon way

生産性を1%上げたいなら5分短縮せよ

本章の締めくくりとして、読者の皆さんにお伝えしたいことがあります。

それは、「たった5分短縮するだけで良い」ということです。

なぜなら、1日たった5分のムダを省くだけで、仕事の生産性が1%向上したことになるからです。

企業にとって生産性が1%上がることは非常に素晴らしい成果であることは、ビジネスパーソンの方々は皆さんよく理解されていることと思います。それが、たった5分の心がけで実現できてしまうのです。

たった5分でいい——これは非常に簡単な計算で求められます。

私たちの1日の平均就業時間が8時間＝480分だとすると、5分は1%強に相当するのです。

「スピードを上げよ、生産性を上げよ」と生真面目に考えてしまうと、どこからどう手をつけていいのかわからなくなってしまいます。
けれども、今の仕事のやり方の中からまずは5分だけ見直してみよう、5分のムダをなくしてみようと考え、実行するだけで、1%という大きなインパクトを手にすることができるのです。

私たちの仕事時間で「なんとなく」すぎている時間はないでしょうか？

・なんとなくネットサーフィンをしてしまった……。
・ボーッとしたまま、スマホをいじってしまった……。
・終了予定時刻をすぎても気にせず、会議を続けてしまった……。
・資料作成に集中できないまま、デスクに座り続けてしまった……。
・同僚とつい、仕事とまったく関係のない長話をしてしまった……。
・ぎりぎりに会社に到着し、息があがって、しばらく仕事にならなかった……。

今の仕事をあらためて見直してみると、どんな人でも「5分を削り出す」ことは簡単にできると思います。

★ゆで卵をつくるとき、お客様は何にお金を支払うのか？

ムダな仕事かどうか――。第1章でも触れましたが、それは「お客様がその仕事に喜んでお金を払いたいと思ってくれるかどうか？」で考えるべきです。

これを料理にたとえて考えてみましょう。

美しくておいしい半熟卵は、次のようにつくります。

① 鍋に水を張り、沸騰させる。ボウルに氷と水を入れる。
② 冷蔵庫から卵を取り出し、お湯が沸騰した鍋に入れ、7分ゆでる。
③ 7分経ったら鍋からすくい、氷水にくぐらせる。

さて、美しくておいしい半熟卵を買いに来たお客様がいたとすると、①～③のどのプロセスに喜んでお金を払ってくれるでしょうか？

「お湯が沸騰した鍋に入れ、7分ゆでる。7分経ったら鍋からすくい、氷水にくぐらせる」という②と③のプロセスは、美しい半熟卵をつくることに直結している気がするので、喜んでお金を払ってくれそうな気がします。

けれども、「鍋に水を張り、沸騰させる。ボウルに氷と水を入れる」というところには、あまり喜んでお金を払ってくれない気がしませんか？

お客様の前でいちいち水を張って沸騰させなくても、鍋のお湯を常に沸騰させておけばいいですよね？　つまり、①はお客様にとっては価値の低いプロセスなのです。

79ページでも述べましたが、これを私たちの仕事、例えばレポート作成のプロセスに置き換えて考えてみましょう。

お客様は、「レポートを見て、分析・判断して、お客様の満足にとって必要な次のアクションをとること」にはお金を払いたいと考えてくれるかもしれません。美しくておいしい半熟卵をつくるプロセスの②や③に該当するからです。

けれども、「きれいなグラフをつくること」にはお金を払う価値がないと考えるでしょう。美しくておいしい半熟卵のプロセス①に該当するからです。それはコンピュータにやらせるなど、できるだけ手間ひまを省いていいのです。

冒頭から一貫して述べてきたとおり、アマゾンにとっての唯一無二の目的は「お客様の満足度を高めること」です。これはアマゾンに限らず、すべての企業、すべての働く人にあてはまる普遍的な目的だと思います。

スピード、生産性、働き方改革……仕事の見直しの根底に、「お客様の満足度向上」という思いがあれば、私たちは疲弊することなく創造的で豊かな仕事人生を送れるように思います。

スピード仕事術 ★38

たった5分を見直すだけで、生産性に劇的なインパクトをもたらす。

おわりに

いま世界中で、アマゾンの圧倒的な成長を、ある意味ネガティブに捉える傾向がありま す。ある人は「破壊者」と呼び、ある人は「全てを飲み込む脅威」であると。

果たしてそうなのでしょうか。私はこの本を執筆するにあたり、アマゾンでの15年間を振り返り、考えました。

確かにアマゾンの成長スピードは、他の企業から見れば異常であり、それを脅威と捉えてしまうのは致し方ありません。先にも述べたように、F1マシンに乗り、ピットからコースへ合流しようとすれば、周りのマシンは驚くほど速く見えて恐怖すら感じるでしょう。しかし、一度その流れに乗り、他と同じスピードまで追いつけば、先ほどのような速さは感じません。

今皆さんの会社のスピードが一般道を走っている車だとしても、アマゾンと同じスピードで走れば、そのスピードは恐れるものではなくなります。もちろんアマゾンはF1マシンで走っていますから、皆さんも乗り物を普通自動車からF1マシンに格上げする必要があります。つまり本書で紹介したメソッドは、それを可能にし、アマゾンの成長スピードを理解するうえでも重要な役割を果たすのです。

今回、さまざまな手法をお伝えしましたが、これらはあくまでも手法またはツールです。もっとも大事なのは、これらを理解し、日常の業務で実践していくなかで習慣化することです。

ただ、うまく習慣化できる方がいる一方で、うまくできない方もいます。それは、気づかぬうちに大きな落とし穴にはまっています。その最大の原因は「3日坊主」です。本書を読み終えたとき、皆さんはきっと「よし！ やるぞ！」と身が引き締まったことでしょう。湧き上がる熱意は確かに本物です。しかしそれも、3日で薄れ、1週間も経てば以前の自分に戻り、1ヵ月後には本書の存在すら忘れてしまうことが往々にしてあるのです。

じつは、そうならないための方法があります。それは、習慣化する仕組みそのものをつくることです。

一番簡単な習慣化は、メールの処理方法です。例えば、届いたメールに返事を要求する内容が書いてあった場合、すぐに返事していますか？ それとも一度閉じて、時間があるときに他のメールとまとめて返信していますか？ もし後者ならすぐに改善してください。一度開いたメールは、やりとりが完了するまで閉じず、自分の判断で回答できるならすぐに返信し、もし第三者の判断が必要なら、その確認メールをすぐ書いて送信してください。これだけでも仕事のスピードは格段に上がります。

その他にも、仲間を集めることも効果的です。仕事のスピードをアップに共感してくれる同僚や上司、部下を探してください。

そして本書で紹介した手法を実践して、それをお互いに報告し合います。すると、共感した人との間で「協調して成長したい」という感情が湧いてくるのです。報告は、あまり形式張った方法でなくても、1週間に1回程度、皆でランチに行って報告し合うのでも十分です。

ぜひ、「3日坊主」という罠にはまらないように、本書を閉じたらすぐに動き出しましょう！　皆さんにとってスピードアップはまだまだ Still day 1 ——、始まったばかりなのですから。

2018年8月

佐藤将之

ブックデザイン　西垂水敦・太田斐子（krran）
編集協力　高橋淳二（有限会社ジェット）

佐藤 将之（さとう・まさゆき）
企業成長支援アドバイザー。セガ・エンタープライゼスを経て、アマゾンジャパンの立ち上げメンバーとして、2000年7月に入社。サプライチェーン、書籍仕入れ部門を経て、2005年よりオペレーション部門にてディレクターとして国内最大級の物流ネットワークの発展に寄与する。2016年、退社。現在は、アマゾンジャパンを黎明期から支えた経験を生かし、経営コンサルタントとして企業の成長支援を中心に活動中。

ブログ
元アマゾン社員が教える会社を成長させる仕組み作り
https://ever-growing.biz/

1日《にち》のタスクが1時間《じかん》で片《かた》づく
アマゾンのスピード仕事術《しごとじゅつ》
2018年9月29日　初版発行

著者／佐藤《さとう》 将之《まさゆき》

発行者／川金 正法

発行／株式会社KADOKAWA
〒102-8177　東京都千代田区富士見2-13-3
電話 0570-002-301（ナビダイヤル）

印刷所／図書印刷株式会社

DTP／有限会社エヴリ・シンク

本書の無断複製（コピー、スキャン、デジタル化等）並びに
無断複製物の譲渡及び配信は、著作権法上での例外を除き禁じられています。
また、本書を代行業者などの第三者に依頼して複製する行為は、
たとえ個人や家庭内での利用であっても一切認められておりません。

KADOKAWAカスタマーサポート
［電話］0570-002-301（土日祝日を除く11時～17時）
［WEB］https://www.kadokawa.co.jp/（「お問い合わせ」へお進みください）
※製造不良品につきましては上記窓口にて承ります。
※記述・収録内容を超えるご質問にはお答えできない場合があります。
※サポートは日本国内に限らせていただきます。

定価はカバーに表示してあります。

©Masayuki Sato 2018　Printed in Japan
ISBN 978-4-04-604000-8　C0030